U0943383

本书获浙江工业大学专著与研究生教材出版基金资助
（基金编号：2013108）

# 高等教育宏观规划的理论与方法研究

## ——聚焦中国高等教育规模的规划

毛建青 著

中国社会科学出版社

**图书在版编目(CIP)数据**

高等教育宏观规划的理论与方法研究：聚焦中国高等教育规模的规划／毛建青著．—北京：中国社会科学出版社，2015.4

ISBN 978－7－5161－5897－5

Ⅰ.①高… Ⅱ.①毛… Ⅲ.①高等教育－研究－中国 Ⅳ.①G649.2

中国版本图书馆 CIP 数据核字(2015)第069679号

出 版 人　赵剑英
责任编辑　宫京蕾
特约编辑　大　乔
责任校对　季　静
责任印制　何　艳

出　　版　中国社会科学出版社
社　　址　北京鼓楼西大街甲158号（邮编100720）
网　　址　http://www.csspw.cn
发 行 部　010－84083685
门 市 部　010－84029450
经　　销　新华书店及其他书店

印刷装订　北京市兴怀印刷厂
版　　次　2015年4月第1版
印　　次　2015年4月第1次印刷

开　　本　710×1000　1/16
印　　张　13.75
插　　页　2
字　　数　205千字
定　　价　45.00元

# 目　　录

# 绪　论

## 第一节　问题的提出

对于教育规划起源于何时这一问题，国内外学者有不同的见解。有人认为教育规划和有组织的教育与生俱来，因为凡是有人决定教什么、教给谁、如何教、何地教、何时教、由谁教、为何教、由谁付钱教（学），就是在制定教育规划；不管什么时代、什么国家、什么类型、什么级别的政府，也总在试图通过各种规章制度、法律条文来处理这些问题。例如，中国长达数千年的科举制度就是教育规划的一个有力工具。在中世纪的欧洲，教会包揽教育大权，全盘处理教育事务，其实就是在从事教育规划的工作。文艺复兴后的欧洲随着民族国家的兴起，当国家领导人意识到建立一个符合国家利益的国民教育体系有重大政治意义时，教育规划渐渐变得系统全面了。在拿破仑统治下的法国，帝国大学实际上是一个国家教育规划机构。在拿破仑入侵后的普鲁士，当把普及义务教育作为国家发展的一个有机组成部分时，就建立了与此相关的规划和实施的行政机构。19 世纪中期的加拿大安大略省曾有过发展公立教育体系的完整规划。

然而，大多数学者认为，这些都是一些原始形态的教育规划，现代形式的教育规划首先出现于20 世纪20 年代。1928 年，苏联编制了第一个教育规划。在第二次世界大战后，教育规划传到了西方，随后又传到了第三世界国家。20 世纪 50 年代以后，各国教育部才有了冠以“规划”并配备称为“规划人员”的科室，制定教育规划才成了各国的普遍做法。起始于20 世纪20 年代，尤其是20 世纪 50 年代之后的教育规划是“二战”后大量涌现的交叉应用性社会科学之一。

教育规划在20世纪60—70年代盛行于全球的许多国家，引起了国家领导人、政府官员、学者、专业规划人员、教育界以及国际组织的广泛关注和高度重视，在这一“黄金时期”涌现了大量的学术著作和研究成果。然而，进入70年代中期到80年代，理想与现实的冲突引发了人们痛苦的反思。随着1980年哈佛大学教育与发展研究中心的关闭，教育规划从此渐入低潮，进入了“挫折—反思”时期。有人曾把这种转变概述为从“罗曼蒂克的60年代”变为“愤世嫉俗的70年代”。很多教育规划研究者从过去的争论中抽身出来，反思、总结教育规划的经验和教训，诊断教育规划中存在的症结，寻求新的突破。直到进入80年代末90年代初，教育规划又开始了新一轮的发展期。但是，即便如此，教育规划的理论和方法研究的那种辉煌景象似乎不复存在。正如卡约迪斯（Caillods，1989）所说的：“教育规划再也无法像60年代那样占据中心位置了。”①

在我国，中华人民共和国成立之后，政府开始编制国民经济五年计划。当时并没有单独的教育规划，教育规划只是隶属于经济计划中的一部分。由于历史等各方面的原因，直至20世纪70年代末80年代初，教育规划才开始传入我国。大规模组织的、正式的教育规划始于1983年。1982年12月，《国务院批转国家计划委员会关于制定长远规划工作安排的报告的通知》提出了专门人才规划的任务，并动员了巨大的人力，分别于1983年和1985年进行了两次全国专门人才现状调查和人才需求预测，最终形成了《2000年中国教育》报告。在此基础上，在全国范围内开展了制定1985—2000年教育规划工作，从中央到地方，各级政府都制定了《教育事业“八五”计划和十年规划》。这两次专门人才现状调查和人才需求预测，以及在此基础上制定的教育事业发展规划是新中国成立以来规模最大、参加人数最多、收获最丰的大动作。

① F. Caillods, *The Prospects for Educational Planning*, Paris: UNESCO, IIEP, 1989, p. 28. 但是，卡约迪斯（Caillods，1989：28）同时也指出，“丢掉声望并非教育规划独有的现象，所有规划的方法和实践都是如此”。

从第八个五年计划起，教育规划成为独立的专项规划，之后发展迅速，每五年编制一次。从 1995 年起，中央及各级地方又相应制定了教育“九五”计划、“十五规划”和“十一五规划”。2010 年 7 月，备受瞩目的《国家中长期教育改革和发展规划纲要（2010—2020 年)》出炉。2012 年 7 月，教育部颁发了《国家教育事业发展第十二个五年规划》，各省市“十二五”教育规划也前后陆续出炉。最近几年的几个规划与前几个规划相比，规划中数量指标大大减少，更多地突出了规划的预测性和政策措施的可操作性，初步实现了从指令性计划向指导性计划的转变。

应该说，这些工作对于我国教育的发展以及提高教育在国民经济和社会发展中的战略地位起到了积极的促进作用，占有重要地位。但是，在实践过程中，我国教育系统，尤其高等教育系统暴露了诸多问题。一方面，虽然高等教育已经进入大众化阶段，但政府及高校仍无法满足人民群众对高等教育日益增长的需求；另一方面，大学生就业困难日益突出，某些地方教育无用论再次抬头，这当中虽然有很多方面的影响因素，但高等教育规划不当应负一定的责任。此外，大学教学质量滑坡、高校地区分布不平衡及其引起的就学机会不均等问题愈益突出，甚至义务教育经费相对不足等都与高等教育规划有关。这些问题在一定程度上似乎都向我们表明了我国高等教育规划存在一些不足，甚至是失败和失效。因此，研究高等教育规划，尤其是高等教育规模规划就具有极强的现实作用和理论意义。

## 第二节　研究文献述评

### 一　国外相关研究

#### （一）教育规划的理论方面

帕纳斯（Parnes，H. S.，1962）提出了教育规划应基于促进经济和社会的发展。联合国国际教育规划研究所（IIEP，1964）出版了教育规划词典和参考书目，指出了教育规划的经济和社会因素。普瓦尼昂（R. Poignant，1967）指出了教育规划和经济社会发展的关系。安德森（C. A. Anderson，1967）提出了教育规划的社会背景。哈比森和弗雷德里克（Harbison & Frederick，1967）指出了教育规划和人力资源发展之间的关系。雷斯高（G. C. Ruscoe，1969）研究了影响教育规划成功的因素。联合国教科文组织的国际教育规划研究所在1970年出版了一本名为 *Fundamentals of Educational Planning*① 的小册子，探讨了教育规划的概念（库姆斯，Philip H. Coombs）、教育规划与经济社会规划的区别（普瓦尼昂）、教育规划和人力发展的关系（哈比森）、规划和教育行政管理者的关系（毕比，C. E. Beeby），教育规划的社会背景（安德森）以及教育规划的成本问题（韦锥，J. Vaizey；车斯沃斯，J. D. Chesswas）。史蒂芬·杰·柯乃资维（1975）研究了教育规划的系统。科里尼科夫（Boris K. Kluchnikov，1980）介绍了教育规划的理论与实际。顿（Adams Don，1988）研究了教育规划的概念和范式。卡约迪斯（1989）分析了教育规划的概念。罗斯（K. N. Ross，1990）研究了教育质量的规划。卡尔森（Rober V. Carlson，1991）研究了教育规划的概念、战略和实践。哈拉克（Jacques Hallak，1993）指出了国际教育管理与规划的发展趋势。林奇（Patrick D. Lynch，1994）用国际视角研究了教育规划问题。亚达夫（K. P. Yadav，1999）出版了教育规划和发展的国际百科全书。

（二）教育规划的模型和方法论方面

克里克斯（Thomas N. Chirikos，1968）研究了教育规划的概念和技术。麦克纳马拉（James F. McNamara，1971）指出数学模型方法在教育规划的应用。卡梅隆（Fincher Cameron，1972）研究了高等教育规划的模型。麦金农（K. R. McKinnon，1973）指出了现实意义的教育规划。因巴尔（Dan Inbar，1973）研究了教育规划的组织模式。德雷施（Stephen P. Dresch，1975）批评了高等教育的规划模型。萨卡罗普洛斯（George Psacharopoulos，1975，1980）指出教育规划和劳动力市场之间的关系。法雷尔（Joseph P. Farrell，1975）研究了宏观教

① 该册子的中文版《教育规划基础》2009年由上海教育出版社出版。

育规划的成功和失败的因素及其选择。布劳格（1976）研究了教育规划的方法。默罕默德（Youssef Hassan Mohamed，1979）指出了比较方法在教育规划中的作用。白露（Barbara Lee Bleau，1981）介绍了高等教育的规划模型。霍普金斯（David S. P. Hopkins，1981）指出了大学教育规划的模型。萨德拉克（Jan Sadlak，1986）指出了国际比较教育在高等教育规划中的地位。芬卡特拉曼和拉马努金（N. Venkatraman & Vasudevan Ramanujam，1987）试图提出成功教育规划的界定及其可操作模型。法雷尔（Joseph P. Farrell，1997）追溯了教育规划中的国际比较方法。奥利维·贝尔特朗（Olivier Bertrand，2002）研究了人力资源规划的方法、经验与实践。周（Ta Ngoc Chau，2003）指出了教育规划中的人口因素。莫林和伍德霍尔（Maureen、Woodhall，2004）提出了教育规划中的成本收益分析方法。

（三）教育和人才需求预测方面

施密德（Calvin F. Schmid，1952）研究了大学入学率的预测方法。温（Paul Wing，1974）提出了州高等教育入学率的预测方法。萨利（Charles D. Salley，1979）提出了基于预算准确性的入学率预测模型。斯特朗和舒尔茨（William Stronge B. & Ronald R. Schultz，1981）研究了学生入学的预测模型。B. C. 盖尔松斯基（1984）介绍了职业技术教育中教育问题的预测方法。斯丁奇克布（Hugh Gerald Stinchcomb，1985）将学生流模型应用到乔治亚学区。沙哈和博克（Shah，Chandra & Burke，Gerald，1999）提出了澳大利亚高等教育的学生流模型。弗兰克和汉斯（Corvers，Frank & Heijke，Hans，2004）研究了劳动力市场和教育职位的预测。

（四）教育规划经验研究方面

科雷亚（Hector Correa，1969）研究了意大利的学生流和人力规划。阿姆斯特朗（David F. Armstrong，1981）提出了决策制定框架下的入学率预测。尼科尔斯（Miles G. Nicholls，1985）分析了基于学生人数的直接控制的教师规划模型。辛格（Raja，RoySingh，1990）研究了亚洲地区的教育规划。西德森（Colin E. Hindson，1995）分析了瓦努阿图的教育规划。

### (五) 教育规划未来趋势方面

法雷尔（1997）指出，通过30多年的实践摸索，发展中国家教育规划的总体格局已经开始出现了。这种格局的主要特征是：更多地关注教育质量提高而不单纯追求数量扩展；更多地关注规划的参与性与分权化；更多地关注刺激手段、市场力量、教育个性化和校外无形教育的作用；更多地关注与劳动相关的（校内和校外）训练；更多地关注教育规划制订和教育服务提供过程中非政府组织的参与；更多地关注成人教育，把它视为国家工作的中心。[①] 列文（Keith Levin，1988）指出，20世纪90年代发展中国家的教育规划者要注意“规划活动的空间”，亦即本国预算供给、师资力量、文化和政治条件、教育需求的特征和劳动力市场与资格培训之间的关系等因素所构成的教育规划的可能性。[②]

## 二 国内相关研究

### (一) 教育规划的理论方面

洪丕熙（1980）阐述了教育规划之概念与技术。郑继伟（1991）系统阐述了高等教育规划的理论和方法。刘永政（1992）介绍了教育规划学的学科。史燕来（1994）提出了新形势下教育规划工作的若干思考。周贝隆（1997）介绍了20世纪80年代以来我国教育规划理论、方法的若干进展。沈本良、张光圻（1997）提出了应转换教育规划工作思路。张春曙（1997，2000）提出了教育战略规划的理论模式与系统分析框架。朱佳生、殷革兰（1999）探讨了教育规划的几个基本理论。诸平（1999）提出应根据国情寻找规划未来高等教育发展的途径。殷革兰（1999）探讨了高等教育规划的几个问题。王月胜（1999、2000）研究了教育规划战略，论述了现代教育规划

---

① Joseph P. Farrel, “A Retrospective on education Plannmg in ComParative Edueation”, *Comparative Education Review*, Vol. 41, No. 3, Aug. 1997, p. 286.

② Keith M. Levin, “Perpectives on Planng: Initiatives for the Nineties”, *Edueational Review*, Vol. 40, No. 2, Feb. 1988, pp. 175 – 84.

的理念分歧和未来趋势。耿涓涓（2003）对高等教育发展规划进行了反思。石人炳（2004）提出了人口研究在教育规划中所应发挥的作用。苏君阳（2006）论证了知识冲突与教育发展规划制定之间的关系。曾晓东（2007）介绍了20世纪90年代以来世界教育规划理论和实践上的新公共管理主义和参与式教育规划。高书国（2008）指出当代教育规划从理性主义走向有限理性主义，从单一规划走向多主体规划，从单向规划模式走向循环规划模式，并认为面对21世纪复杂的世界，要告别传统理性主义的全息预测理论，摒弃后现代主义的不可预测思想，走教育战略规划的第三条道路。戚业国（2010）研究了中长期教育规划的特点，认为应系统运用预测技术和方法进行编制。陈建华（2011）提出了有限理性视角下的教育规划。钟启泉（2011）认为一份教育发展规划不能仅仅满足于空洞的口号和政治的宣示。

（二）教育规划的模型和方法论方面

高桂彪、梁英（1987）研究了系统分析与教育规划的关系。袁东安（1990）介绍了国外主要教育规划方法，并作了述评。傅鸿源（1991）提出了教育规划模型体系及其应用。王晓辉（1995、2002）对教育规划进行了回顾与展望。刘鸿基、孟祥恪（1995）提出了应把灰色理论应用于教育规划。黄甫全（1995）提出了教育灰色系统。陈晓红等（1996）提出了高等教育多目标规划模型，提出了湖南省高等教育“九五”计划及2010年发展规划模型。杜育红（1997）研究了在教育规划中的成本收益分析方法。韩敏（2000）评析了西方教育计划的三种模式。杨晓青等（2006）更多从实践层面提出了教育规划的理论。毛建青（2006、2007）评析了三种主要教育规划方法。戚业国（2009）论述了教育规划的客观与主观两种基本范式和专家、政治和协商三种基本规划模型，并比较了国际比较、人力需求、社会需求、成本收益、成本效用等技术方法的优劣。谢敏（2009）在《制定中长期教育战略规划的三个问题》中提出高准确性是制定现代教育规划的基本要求，方法则要定性与定量相结合。联合国教科文组织国际教育规划研究所的《教育规划基础》（上海教育出版社出版，2009）专门就“教育规划的成本—收益分析”进行了详尽的介绍。赵健（2010）认为制定高等教育规划需要解决好三个核心问题：可持续发展是国家高等教育规划的重点，优化结构是区域高等教育规划的关键，准确定位是院校规划的核心。蔡华钊（2012）提出了高等教育规划应该走法治化道路。

（三）教育和人才需求预测方面

张定璋（1983）最初探讨了教育预测学的方法论与理论基础。任基尧、范钦扬（1983）提出了人才规划中的预测方法。严鸿和、束卫华（1987）进行了安徽省专门人才需求的宏观预测。杨晓青（1988）研究了职前职后教育人才需求分配模型。孙林岩（1988）研究了人才需求预测方法。安文铸（1990）分析了教育预测中的德尔菲法。于清涟（1990）出版了《教育预测学》。Magnen、Andre（1991）研究了教育预测的财政与管理。刘永政（1992）介绍了教育预测学。刘凤军、刘纯田（1994）提出了教育经费预测的理论与实践。张晓雪，周亚、李克强（2002）等作了基于劳动人口人均受教育年限的预测分析。张长征等（2004）基于灰色理论进行了高层次人才规模的预测。谢作栩、黄荣坦（2000、2004）分析了20世纪下半叶中国高等教育规模发展波动情况，提出了中国高等教育规模发展宏观调控模型。毛建青（2007）提出了职业需求与教育资格的转换是人力需求预测在教育规划中应用的关键环节。刘延松、张炜（2007）提出了高等教育规模预测模型并作了实证研究。毛建青（2008）对高等教育规模定量预测的常用方法进行了综述。

（四）教育规划经验研究方面

李楚材（1991）评析了《美国2000年教育规划》。曾晓东、王绽蕊（1998）介绍了当今世界教育规划的两个趋势。方彤（2000）介绍了外国教育规划。张继（2001）研究了社会转型期北京教育规划的特点与对策研究。王道余、周满生（2005）介绍了美国加利福尼亚州高等教育总体规划。范卫萍（2005）、鲁艺（2007）研究了区域和市级教育发展规划的制定。刘小强（2006）、陈姗姗（2007）认为加州1960年高等教育总体规划是一个高等教育规划的成功范例。

郭徽（2008）分析了美国卓越经济教育规划的实践。于凤银等（2010）分析了美国高等教育规划及其参考价值。滕堵（2011）对联合国教科文组织“教育规划”的政策文本进行了话语实践的分析。宋军乐（2011）对地方政府在高等教育改革决策中的作用进行了分析。何玉海（2012）从文体学和管理学角度研究了高校教育规划的文本。李根（2012）论述了教育规划的执行力问题。

（五）教育规划未来趋势方面

20 世纪 90 年代初，原国家教委国家教育发展研究中心郝克明和谈松华（1992）对当时教育发展战略研究的主要进展和特点进行了归纳，认为经过 80 年代的起步，在进入 90 年代时期教育发展战略研究“由规划性研究转向宏观决策研究、由教育系统内部的发展研究转向教育系统与社会系统协调发展的研究、由比较狭窄的教育增长研究转向教育系统的全面发展研究、由比较单一的人力需求预测法转向综合运用多学科的研究方法”。[①] 曾晓东、王绽蕊（1998）认为 90 年代以来，教育规划在两个方向上取得了明显的进步：一是受经济学的影响，教育规划方法取得进展，二是规划内容更加丰富，教育规划与教育研究的结合更加紧密。学术界几乎一致认为教育规划正从重视教育数量的增长转向注重质量的提高，技术规划向战略规划的转变，以及教育规划的制定强调多主体的参与王月胜（2000）认为：“大致在 20 世纪 90 年代以后，教育规划进入了转型时期。教育规划发展的总体趋势是研究的重点从规划技术转向规划战略……在发达国家，教育规划的发展趋势是逐步从强调数量方面的目标转向强调质量方面的目标，从技术统治型规划观转向广泛参与型规划观。”[②] 王晓辉在《论教育规划》（2002）中对教育规划的发展趋势也有所论述，认为“不能期待教育规划的固定模式，而只能在密切注视当前国际教育规划的新动向的同时，自己去探索适合于本国的教育规划方法”，主张未来

---

① 郝克明、谈松华：《我国教育发展战略研究的进展与展望——兼述教育战略研究理论与方法的若干问题》，《高等教育研究》1992 年第 4 期。

② 王月胜：《现代教育规划理念的分歧与分析》，《比较教育研究》2000 年 S1 期。

的教育规划“不要把规划看作单纯的一门技术，它必须充分考虑各国自身的特点；教育规划也要考虑政治体系与教育体系上的特点差异；规划可以体现在不同的层面”。①

## 三 简单述评

综观学界研究发现，伴随着教育规划实践的不断发展，国外在20世纪60—70年代对教育规划问题进行了较为深入、系统的研究，是“黄金时期”；80年代之后，理想与现实的冲突唤起人们痛苦的反思，学界开始反思教育规划的失败和成功的因素，教育规划从此渐入低潮；90年代之后又开始了新一轮的发展，但即便如此，教育规划的理论和方法研究的那种辉煌景象似乎也不复存在。正如卡约迪斯（1989）所说的：“教育规划再也无法像60年代那样占据中心位置了。”②

随着第一个专门教育规划在1982年12月的启动，我国大陆地区的学者开始了对教育规划问题的研究，在80年代和90年代初期研究成果比较丰富。90年代中后期之后渐入低潮，21世纪初期开始又有了新一轮的发展，研究成果明显增加。总体来看，经过30多年的发展，专门从事教育规划研究工作的学者并不多，对教育规划的一些理论和方法等问题研究相对比较少，而且更多地仍处于介绍、引进国外理论和经验的层面，有创设性的理论研究更少。目前出版的学术专著仅有郑继伟的《高等教育规划论》（1991）、张春曙的《教育规划理论与方法》（2000）、杨晓青等的《教育规划理论与实践》（2006）、高书国的《教育战略规划：复杂—简单理论》（2009）、联合国教科文组织国家教育规划研究所《教育规划基础》中文版（2009）。与教育规划直接相关的也不是很多，仅有朱佳生等的《教育系统工程》（1989）、于清涟的《教育预测学》（1990）、周贝隆的《关于我国教

① 王晓辉：《论教育规划》，《教育研究》2002年第10期。

② Caillods F., *The Prospects for Educational Planning*, Paris: UNESCO, IIEP, 1989, p. 28.

育发展战略》（1991）、《面向二十一世纪的中国教育——国情·需求·规划·对策》（1990）、《从人口大国迈向人力资源强国》（2003）等。教育规划研究的期刊论文方面，学者们的研究零零散散，有些学者对教育规划目前所使用的方法以及规划的具体内容和目标，也存在着疑义和不同看法；甚至有些学者怀疑教育规划存在的意义，认为市场经济下的教育是没有办法预测和规划的，持完全不可预测的观点。①

然而，古人所云“凡事预则立，不预则废”（《礼记·中庸》）在科学技术高度发展的今天更是如此。在积累了半个多世纪的现代教育规划的经验和教训之后的今天，在预测和规划技术不断成熟、完善的今天，对未来作出大体符合实际的预测和规划应该说是有可能的。教育事业周期长，牵动社会经济的方方面面，尤其是高等教育与社会经济关系密切，更需要增强预见性，尽量减少盲目性。当然，要求对未来高等教育的社会需要和条件作出十分精确的预测和规划是不可能的，但无论如何，有限理性可以做到，有限理性总比盲目发展更理智和科学。因此，对高等教育规划的各种方法进行全面系统的梳理，并提出一种新的或全面的规划方法论及思路，以有限理性求得高等教育的科学健康发展，就显得非常重要了。因此，这就构成了本书写作的动因。

## 第三节　研究思路、研究方法和逻辑框架

### 一　研究思路

本书主要遵从高等教育规划的基本理论—高等教育规划的基本方法—宏观高等教育规模规划的方法论—宏观高等教育规模的预测模型——高等教育教师和经费预测基本模型的研究思路展开论述。总体

① 在传统教育规划理论和方法中，分别存在着两种完全对立的理论和路线，即完全可预测的观点和完全不可预测的观点，经验主义路线和技术主义路线。

上，分成三个部分内容。

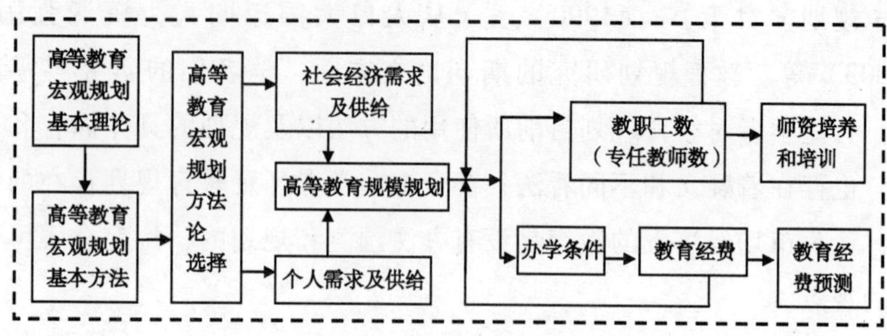


**图1　研究思路与框架**

首先是高等教育规划的一些基本理论问题的探讨，包括教育规划和高等教育规划的概念、特点、意义、制约因素、主要程序以及主要分类等。

其次是高等教育规划，尤其是规模规划的方法论选择问题，试图从全面分析五种主要教育规划方法着手，在前人的基础上提出高等教育规划应选择的方法论，进而提出宏观高等教育规模规划的方法论选择，并指出此方法可拓展应用至高等教育区域结构、专业结构等的规划上。

最后，主要探讨高等教育规模预测的方法选择和模型构建问题。在此基础上，探讨教师和经费的预测模型。对于高等教育规模预测的方法选择问题，拟运用相关因素的多元回归分析法，并试图根据计量经济学的知识，对时间序列数据进行协整检验，从而拟对未来高等教育规模的发展做一个初步的粗预测。

## 二　研究方法

本书的研究方法主要包括规范分析和实证分析。前半部分有关教育规划理论和方法论的介绍和分析主要侧重于规范分析，主要运用文献整理法、国际比较法、专家咨询法等。后半部分有关高等教育规模历史数据的模拟、预测以及教师和经费预测模型构建，主要采用经验研究和理论研究相结合的实证分析，并侧重于经验研究。

## 三 逻辑框架

本书主要分为三大部分。

第一大部分旨在探讨高等教育规划的一些基本理论，集中在第一章。在已有文献的基础上，此章介绍了国内外学者对规划、教育规划的不同界定，并在此基础上提出了教育规划的几个特征。作为教育规划中的一个重要部分，也是本书研究的主要对象——高等教育规划，其制定的意义、影响制定的因素及其基本程序和分类，也在这一章中加以理论上的探析。

第二大部分主要是有关高等教育规划的方法论选择问题，主要包括第二章和第三章。第二章是有关五种主要高等教育规划方法的评述部分，包括人力需求法、社会需求法、成本收益法、计量模型法和国际比较法等五种方法各自的理论基础、基本步骤以及优缺点等。

第三章是在前两章的基础上，提出高等教育规划应该结合人力需求法和社会需求法，并适当考虑成本收益法——高等教育总体规模的规划应采用人力需求法和社会需求法，学科结构、经费等的规划应采用成本收益分析法。具体地说，对于高等教育总体规模的规划，应该从供给和需求的分析角度出发，用系统论的观点和系统分析法充分考虑高等教育的供给和需求两个方面，并在此基础上适当考虑政治或政策因素，以此进行高等教育规模的规划，为下一章的指标选择奠定了理论和方法论基础。

第三大部分是有关高等教育规模预测的方法选择问题。在第四章中，出于数据可量化性、可得性、科学性和典型性等的考虑，指出了在用供需因素分析法确定我国未来高等教育发展规模时，应该考虑的五个方面：人口因素，经济发展情况，人们的生活水平，未来经济发展所能提供的就业岗位和机会以及现有的高等教育办学条件，总共涉及六个指标。

随后在第五章中，根据之前提出来的几个指标，用计量分析的方法，对 1978—2010 年的时间序列数据进行协整检验，建立了两个协整回归方程，并用于预测2020年和2030年的高等教育发展规模和速度。

第六章则简单地分析了高等教育教师及其经费预测和规划的方法。根据高等教育教师的供需因素分析，本书认为教师供给在总量上应该不存在问题，但结构性失衡可能是会出现的重大问题。高校教师在学科结构上的供给主要要依赖于博士生培养的学科分布情况。对于经费预测和规划，本书提出可以根据生师比和生均经费等参数，利用绝对数和相对数法预测未来高等教育所需要的师资和经费供需情况。

最后是结论与展望部分。

Gordon，1984），它必然会引起社会环境的变化。

不少人曾试图为规划下定义或列举规划过程的基本要素。在国际教育规划文献中最常被引用的是多尔（Dror）在研究行政科学时提出的规划定义。他认为，规划是"制定一套有关未来活动的决定的过程，旨在通过最优途径实现目标"（安德森和鲍曼，Anderson and Bowman，1967）。这一定义包含了规划过程的三个不可缺少的要素，即与未来有关、与活动有关、与有意识的努力有关。帕纳斯（1967）从另一角度提醒人们注意规划定义中的两个基本要素：其一是规划的目标，目标构成了过程贴切性的标准，规划者必须做出的决定和必须考虑的因素只能根据规划必须指向的目标；其二是规划的时间维度，这意味着规划不仅依据目标的性质，而且有赖于将决定转变为必要行动所需的时间。此外，萨卡罗普洛斯（1975）指出规划的概念应该包括两个方面：一个是实证的要素，即建立可供选择的有效范围；一个是规范的要素，即确定选择的标准，也叫作目标函数。

在比较东西方的经济计划时，伯恩斯坦（M. Bornstein，1987）明确地对规划与决定、预测、政策和干预等相关概念作了区分。在他看来，决定是在某些相互冲突或相互排斥的方案中作出的选择，而规划由于要实现决定选出的方案而超出了决定的范围；预测是对未来事件的预报，它不必包括任何促进或阻碍未来事件发生的行动（如天气预报），但制定规划常常用预测的方法，规划人员要预测在没有计划干预情况下可能发生的事件（参考的预测），要确定他们希望发生的事情（希望的预测）和估计计划部门为活动所希望的成果可以做出的努力（计划的预测）；政策是一种固定的计划，而没有政策也可制定规划；干预往往是在全面综合计划的框架之外进行的，而计划可以是摆摆样子的和对政策制定者没有什么约束力的（伯恩斯坦，1987）。

## 二　教育规划及其基本特征

### （一）各种观点

学者和实践者们对于教育规划的定义也存在不同的观点，甚至是分歧。关于教育规划的基本含义，专家学者们至今也没有给出一个科学的、统一的回答。联合国教科文组织认为："教育规划是一个过程，旨在确认最佳的行动过程，说明问题、确定重点目标并提供最经济合理的资源分配的方案。"①《高等教育百科辞典》认为，教育"规划可以被简单地定义为'为未来行动进行决策的准备过程'"。② 联合国教科文组织国际教育规划所认为："教育规划的核心任务之一是决定如何在动态变化的情境中，最佳地使教育系统那些盘根错节的内外部关系保持合理平衡，并不断将之引向指定的方向。"③

可见，对教育规划的认识与理解，仁者见仁，智者见智。有人认为教育规划是一个活动；有人认为是一个过程；有人认为教育规划是一门科学；有人认为是一门艺术；有人认为教育规划是制定出来的，谋划出来的；还有人认为是写出来的，编制出来的。正如菲利普·H. 库姆斯教授在《什么是教育规划》中所言："我们今天所知的教育规划依然太年轻，发展得太快，又极其复杂多变，因此无法一劳永逸地用任何一个确凿无疑、不容争辩的定义来界定它。"④ 对于什么人应该被称为或自称为教育规划者，他们从事教育规划时做（或应该做）什么，研究教育规划应参考什么文献等，这些问题都相当混乱。法雷尔（1997）曾分析认为，混乱主要表现为：（1）有些作者把本领域的研究称为"教育规划"，也有人把它称为"政策分析"、"政策制定"、"管理"、"行政"、"研究"、"决策"或更为广义的"政治学"；（2）随着全球化进程的加快，国家与国家之间的边界越来越不清晰，针对国家教育发展的教育规划的边界，当然也越来越模糊。什么内容可以规划？什么内容不可规划？很难划分边界；（3）个体参

① 联合国教科文组织：《全球教育发展历史轨迹——国际教育大会 60 年建议书》，赵中建等译，教育科学出版社 1999 年版，第 261 页。

② Burton R. Clark, Guy Neave (Eds.), *The Encyclopedia of Higher Education*, Oxford: Rergamon Press, 1992, p. 1429.

③ 联合国教科文组织国际教育规划所：《教育规划基础》，丁笑炯等译，上海教育出版社 2009 年版，第 9 页。

④ 同上书，第 16 页。

与教育规划活动时应该做些什么？不应该做些什么？什么样的人应该成为“教育规划者”，教育规划者的资格和标准如何？[①]

1991 年，罗伯特·V. 卡尔森（Robert V. Carlson）和凯瑞·沃尔德曼（Cary Aw-derman）合著的《教育规划：概念、战略和实践》一书，将教育规划定义为：“教育规划旨在为个人、团体、组织和社会创造一种美好的未来。规划涉及哪里去，为什么到那里去，并为决定什么时候到达提供基本准则”[②]，并将教育规划确定为一个由“环境评估、客户分析、使命描述、问题分析、战略框架和战略实施”六个环节组成的循环的过程。[③] 不过，研究者普遍认可在教育政策制定过程中应包括以下几个主要的步骤：a. 确认某种社会现象为一个教育政策问题；b. 提升该问题到政策议程，并采取相应的对策；c. 对一系列可能的“解决方案”进行确认和评估；d. 选择一种解决方案（即政策）；e. 实施方案；f. 评估、反馈，并在适当的地方重复上述步骤。这种描述虽然过分简化了人类社会组织中政策制定的实际过程，但也明确了教育规划定义的主要部分。

然而，有些教育规划的定义却仅限于以下步骤：政治家或“政治体制”处理上述 a 和 b 的过程；“规划者”确定和评估备选方案，并把相关信息提供给“决策者”（通常是高级官员或政治家），由决策者选择其中一个方案（d），交由拥有“教育管理者”、“教育评估者”或“研究者”等头衔的人来处理上述 e 和 f 两个步骤。另外一些定义把教育规划集中在步骤 e 上。例如，如果要做出一个政策决定：在某一个发展中国家的未来十年里普及小学教育，规划者就要预测未入学儿童的数量和分布情况，估计新教师的需求数量、培养方式和工资待遇，确定新学校的需求量和地点分布，进行成本估计和制订实施计划

---

① Joseph P. Farrell, “A Retrospective on Educational Planning in Comparative Education”, *Comparative Education Review*, Vol. 41, No. 3, Aug. 1997, p. 280.

② Robert V. Carlson, Cary Awderman, *The Strategic Planning of Education*, New York: Longman, 1991, p. 9.

③ 高书国：《当代世界教育规划发展趋势背景下的第三条道路（上）》，《当代教育科学》2008 年第 19 期。

等。此外，还有些定义包括教育规划上述步骤的一部分或全部过程。如果在其定义中包括以上步骤的大部分或全部，那么教育规划就会与“教育政策分析”或“教育行政管理”基本重叠或完全一致。

通过上述差别的横向比较，有些专家认为规划全部或主要是一种技术性的工作，它往往使用“不容置疑”的定量数据、复杂的统计分析、对研究结果进行“理性的”或“科学的”分析。有些人认为它主要是一种政治行为。罗利（C. D. Rowley，1971）[①] 指出，教育规划由于不可避免地牵涉到“给某些人而不给另外一些人提供高价值的稀缺资源”，因而是“一个政治中心活动”。1987 年，联合国国际教育科学研究所出版了特里·马伦（Theirry Malan）的著作《教育规划：一个社会过程》，重新审视了教育规划的内涵与作用，强调教育规划是一个社会过程，与各种利益、影响和战略行为逻辑的经常对抗和多次聚合紧密相连，具有非常复杂和多维的特点。[②] 另外一些人则认为教育规划是技术性和政治性的结合。如克里克斯和惠勒（Chirikos & Wheeler，1968）指出“规划主要是一种与决策制定过程相关的技术性活动”。除此之外，有些人认为被称为“教育规划者”的活动或在各机构里拥有“教育规划者”头衔的人的工作本身就是教育规划（人们可以发现这些“规划者”从事的工作和工作的性质都符合上述各种定义中的某一部分）。有些定义则把规划界定为一系列需要执行的活动（这些活动是通过具有不同称呼和工作种类的人们所完成的），其目的是使教育发生显著变化。值得指出的是，各学者在规划定义上的巨大分歧暗示或反映出其在社会体系本质上的基本理论分歧，包括教育体系的特性、发生改变的方式和原因以及教育正在实现和应该实现的目标和利益。

有学者从规划的合理性出发，强调教育规划的合理性。萨卡罗普

---

① C. D. Rowley, *The Politics of Educational Planning in Development Countries*, Paris: UNESCO-IIEP, 1971, pp. 15, 12.

② 高书国：《教育战略规划：复杂——简单理论》，教育科学出版社 2009 年版，第 49 页。

洛斯（1975）曾提出一个把信息作为分类变量的教育规划分类法①。他把无须信息的教育规划分为惯性的（其实不能算作规划，主要是对历史的推演）和政治的（以政治价值观念而不是信息为基础），把经典的人力需求方法和社会需求方法称为需要信息的技术规划。他认为，只有需要信息的教育规划才是理性的规划，因为信息的使用总要求合理的加工处理行为（萨卡罗普洛斯，1980）。但也有学者认为理性的教育规划有很多的局限性，认为在政治和参与的基础上的一种相互作用的规划模型可能更合适（亚当斯·顿，1991）。

在我国，对于教育规划的基本概念在借鉴国外研究的基础上，有以下一些不同的表达。教育规划是国民经济和社会发展规划的重要组成部分，是对未来教育发展的谋划与安排。② 教育规划是一个国家或一个地区在一定历史时期对各级各类教育的发展目标、规模、速度、结构、学校布局及其实现的步骤、措施等拟定的最优化安排。教育规划通过建立数学模型，来模拟教育事业的发展变化过程③。曲恒昌、曾晓东（2000）在《西方教育经济学研究》一书中指出："教育规划实际上就是教育资源的综合平衡；制定或实施教育规划的过程，就是实现教育资源，特别是人力资源的综合平衡过程或优化配置和利用的过程；而教育资源综合平衡的实现，通常会达到教育资源的最有效运用。"张春曙（2000）认为，"规划要回答'到哪儿去'、'为什么去那里'以及给出确定何时到目的地的判据"。《教育辞典》④ 认为："教育规划指一个国家或一个地区，在一定时期，对教育事业的发展规模、规格要求和所采取的重要措施等拟定的计划或纲领。"我国

---

① Psacharopoulos, George, "The Macro-Planning of Education: A clarification of issues and a look into the future", *Comparative Education Review*, Vol. 19, No. 2, June 1975, pp. 214－224.

② 杨晓青、管西亮、秦昌威：《教育规划理论与实践》，中国大百科全书出版社 2006 年版，第 1 页。

③ 同上书，第 10 页。

④ 张焕庭：《教育辞典》，江苏教育出版社 1989 年版，第 761 页。

《实用教育大词典》[①] 中是这样定义教育规划的："教育规划是学校或教育部门就未来一定时期教育事业发展的指导思想、发展目标、发展规模与速度以及相应的措施等进行的一种比较全面、长远的设计安排。"

（二）两种模式

的确，不同学者对规划和教育规划的不同观点，其实从根本上来源于他们对社会系统（包括教育）的本质及其如何、为何变化及其应该服务的目的和利益的不同看法。对于上述不同的各种定义，如果考虑各定义的理论基础，可大致分成两类：源自强调客观性（客观主义）理论的各种定义可归类为理性模式，源自强调主观能动性（主观主义）理论的各种定义可归类为互动模式。[②]

理性模式把教育规划过程看成一系列渐次进行的程序：决策者或规划者试图认清重大的问题、急迫的需要并确定解决这些问题或满足这些需要的总目标—将总目标转化为各项具体目标—指出各种达到具体目标的行动步骤—说明每个行动步骤的代价和利益—选择最优的行动步骤—综合各种择定的行动步骤组成一个规划—将规划分解为各种可操作的项目—根据总目标来执行和评价每个项目。理性模式首先认定人们对教育规划的目标会有合理的、统一的认识，坚信有把目标转化为行动步骤的技术或手段。近年来管理学、统计学、信息论、决策论、计算机辅助编程技术的发展加强了理性模式的地位。在理性模式中，规划者被看作是技术分析家、应用研究者或科学管理者。

理性模式也可以分为"硬质"和"软质"两种。硬质理性模式把教育完全当成一个由决策者控制的机器，恪守决策中系统思想的各项要点，即包括：（1）决策者试图达到的一个目标或多个目标；（2）实现目标的多种技术和方法；（3）每种技术或方法所需的费用或资源；（4）建立反映目标、技术、环境之间依存关系的一个数学

① 王焕勋：《实用教育大词典》，北京师范大学出版社 1995 年版，第 232 页。

② 方彤：《外国教育规划研究泛谈》，《河北师范大学学报》（教育科学版）2000 年第 4 期。

模型或一套方程式；（5）有利于做出最佳抉择的客观标准。因此根据硬质理性模式制定的教育规划几乎相当于由工程师制定的生产计划。软质理性模式承认教育不能完全等同于机器，有一些不被决策者控制的方面，但在任何方面都要强调理性或探究各个方面是否合理。有人提出，教育规划中应注意三种形式的理性：技术理性，如利用科学知识解决问题；政治理性，如维护和保障权力结构和社会制度；伦理理性，如提倡和保护对社会有益的价值观念。

许多国家的政府和国际组织是按理性模式及其有关的技术手段来制定全面的或战略的教育规划，这些技术手段包括人力预测法、成本—收益分析法、资源有效配置法等，这些将在下一章具体阐述。

与理性模式相比，互动模式则认为，教育规划过程不是一种按部就班的、有条不紊的、逻辑上互相联系的一系列程序，而是一种各种个人或利益集团之间主张意见的冲突、交流、协商、妥协以及再冲突、交流、协商、妥协的连续动态过程。教育规划是在不确定的未来和不完全了解现在的背景下，调解人的认识和人的行动的一种尝试，而不是一种确定无疑的解决问题的方案。因此在教育规划中不可能有人人同意的理性目标并按照预定的途径来实现目标，也不可能有完全符合未来需求的教育规划。即使有教育规划目标，但它也不应是规划成功与否的标准，而只是指明了讨论、完善或者一段时间后可以改变的方向。互动模型的变型还包括学习—适应模型、交易模型、社会学习模型和情境规划模型等，强调谈判基础上达成共识，并重视特殊环境、执行者以及规划行为当前的环境。

近年来，社会学、人类学、综合管理学、政治学的研究成果有力地支持了互动模式。在互动模式中，决策者的角色是协商者、共识构建者、人际关系专家、宽容的调停者。互动模式看重对现实做出因人而异的解释，强调人际信息交流的意义，突出个人、制度与其环境相互影响的动态性质，因此在制定教育规划中特别采用便于了解人们内心世界或考虑人们想法的方法，如参与观察法、情景分析法、社会需要法等。

（三）基本特征

自现代意义的教育规划产生以来，各个领域的学者都对教育规划做过研究。那么，教育规划到底是属于哪个学术领域？对于这个问题，国内外学者也有多种说法。有人因为教育规划常常附属于经济规划，并主要采用经济学的理论和方法，把它认作教育经济学的分支；有人因为教育规划往往是教育行政部门的重要工作，把它看作教育行政学或教育管理学；还有人认为教育规划主要是一种实践活动，在这种实践活动中需要各种学科的理论和方法，因此不能归属于任何学科。现在较为流行的看法是教育规划属于教育政策分析领域，因为教育规划涉及政策发展的全过程：（1）确定某个社会现象作为政策问题；（2）把这个问题摆在政治议事日程的前列；（3）确定和评价各种可能解决问题的方案；（4）挑选其中一个解决问题的方案（政策）；（5）执行该政策；（6）评估执行该政策的效果。有人就将“教育规划”和“教育政策”当作同义词使用，还有人认为从解决某个问题、实现某个具体目标而言，“教育政策”是比“教育规划”更为合适的。不过笔者认为，教育规划由于起源于经济学领域的研究以及主要应用经济学的方法，因此还是应该隶属于教育经济学。当然，到底隶属于什么学科，这并不是我们讨论的重点。

综上所述，从总体上来看，规划及教育规划的界定是非常复杂和困难的。然而不管我们究竟应该给教育规划下一个什么样的定义，但我们找出教育规划的最基本和最主要的一些特征却是可以做到的。综合各学者的观点，笔者认为，教育规划应该主要有以下几个特征。

1. 教育规划应该是面向未来的，这个未来的跨度有可能是5年、10年，也有可能是20年，甚至是50年。它是未来决策和行动的出发点，更是一幅未来的蓝图。

2. 教育规划是一个动态的持续过程，所要关注的不仅仅是包括“去哪儿”，还包括“怎么去”（各种途径）以及“最佳的途径”。而且当规划得到了支持和实施时，教育规划工作并不能因此停止。规划还应关注有可能出现的不可预见的一些障碍以及如何克服这些障碍。总之，教育规划并不是一块石雕，可以一成不变；而是应该不断地变化和调整，而且要前后衔接、不断反馈。

3. 教育规划应该是理性的。这个理性，不是完全的只运用数学模型的技术和方法，而是一种有限的理性，包含了客观、理性地对各种政治和政策因素的考虑。

4. 教育规划应该是数量与质量的结合。由于历史上的许多教育规划只包括教育的数量扩张，并且由于教育规划中用到了很多的统计，所以，人们往往有这样一个错误的观念，即教育规划只是教育的数量扩张。但是，科学的教育规划必须既包括数量方面的扩张，又包括教育发展的质量方面。只有这样，才能使教育规划更实际、更中肯、更有效。

总之笔者认为，不管教育规划的具体定义到底如何，它始终是一个面向未来的、既有政治性又有科学性的、既有数量又有质量的动态的复杂过程。教育规划的中心任务始终是解决教育在未来发展中有可能遇到的内部和外部矛盾，如何在不断变化的环境中最佳地保持教育系统内、外部关系的合理平衡，并不断地将其引向所预期的方向，达到最终的教育目标。

## 三　高等教育规划范畴厘定

文中的高等教育规划顾名思义，就是有关高等教育的规划。高等教育规划也应具有面向未来、动态、既有数量又有质量的特点。笔者认为，如同教育规划一样，高等教育规划的中心任务在于解决高等教育在未来发展中有可能遇到的内外部矛盾，在于在不断变化的环境中最佳地保持高等教育系统内外部关系的合理平衡，并不断将其引向所预期的方向，达到高等教育的最终目标。

高等教育规划的具体内容和范畴包括很多，既有数量和规模的规划，又有质量的规划；既有全国范围内的规划，又有地区范围内和地区分布的规划；既有总量的规划，又有分学科、分专业的规划。作为一项全面的高等教育规划，我们既应该对高等教育的发展规模和速度进行规划，也应该对高等教育的学科专业设置、课程建设进行规划，更应该对高等教育的地区分布进行规划。

首先，文中所指的宏观高等教育规划范畴，主要指的是国家、区域层次的高等教育总体情况的规划，不包括有关学科设置、专业设置、课程设置、教学设置、区域分布等中、微观方面的规划。

其次，文中所指的高等教育规划具体内容主要是总量规模。高等教育规划的焦点是如何从高等教育的现状出发，结合社会、经济发展所能提供的条件及社会、个人对高等教育的需求，来确定规划周期内切实可行的逐年招生数，从而确定高等教育发展的速度和规模。① 因而，确定高等教育发展的规模和速度，其实是高等教育规划中最主要也是最基础的一步。而且，由于时间和精力等原因，本书最终把焦点放在高等教育总量规模的规划上。因此，对高等教育规划而言，我们这里所关注的就是要确定高等教育的发展规模。也就是施罗德（Schroeder，1973）所说的学生规划模型。②

最后，文中所指的高等教育不仅仅指普通高等教育，而且还包括成人高等教育、民办高等教育、网络高等教育等，是一个范围比较大的概念。

## 四 教育规划与人力规划的关系

为经济和社会发展所作的教育规划，在很大程度上旨在满足社会对受过不同程度教育的人力的需求。因此，教育规划与人力规划有着密切的联系。但是，经验表明，由于教育的多样化功能，区分教育规划和人力规划就显得非常必要和现实。

---

① 杨晓青、管西亮、秦昌威：《教育规划理论与实践》，中国大百科全书出版社 2006 年版，第 22 页。

② 中外许多学者及教育机构都曾提出过诸多的教育规划模型，为了便于讨论，Schroeder（1973）根据其用途将这些模型分为三类：（a）学生规划模型；（b）教职工规划模型；以及（c）最优资源分配模型。学生规划模型包括那些用于规划学生班级、入学预测及学生流等的模型。教职工规划模型包括那些解决教职工分年龄、性别比例、雇用和退休率等的分布情况，也用于教职工在学术部门间的分配和安排。见 Roger G. Schroeder，“A Survey of Management Science in University Operations”，*Management Science*，Vol. 19，No. 8，Application Series，April 1973，pp. 895 – 906。

人力规划是一个复杂的系统工程，其基础在于准确的人力需求预测①。目前国内外常用的人力需求预测方法大体有四类：基于历史资料的预测方法，基于现状分析和比较研究的预测方法；基于专家分析判断的方法；和基于管理部门意见的方法。前两类方法基本上是建立在统计资料的基础上，后两类方法基本上是建立在主观判断的基础上。

尽管已形成和发展了几种不同的人力预测的方法，但所有这些方法都包括了一个共同的主题，这就是在缺少规划的情况下不同质量规格劳动力的不足和过剩会不断地同时出现，这样的结果既对个人有害，使之失去收入；同时，也对作为整体的社会不利，因为劳动力不足导致较低水平的产出，从而导致现在和将来消费水平比劳动力充足时还低。因而总的来说，进行人力需求预测有两个主要的理由：（a）劳动力市场对解决劳动力不足和过剩来讲是不完全的，也是不充足的；（b）虽然劳动力之间存在替代，但替代的可能性是有限的。这两者结合在一起，当出现人力短缺时，它们会导致国民生产水平降低。因此人们认为，人力预测能准确地估测将来的劳动力需求，使我们能及时采取行动以保证适当的人力供给，调整潜在的不平衡会使国民生产的增加和人均收入的提高。而合适的人力供给主要依赖于教育和培训；并且宏观教育规划所关心的问题之一正是为社会经济过程提供所需的受过一定教育的人力，包括人力的数量、类型和规格。因此，人力需求预测能为制订教育发展规划提供基础。

因此，如果说人力资源规划关心的是生产过程中的人的要素的配置和使用的话，那么教育规划关心的是为社会经济过程提供所需的受过一定教育的人力（数量、类型和规格）。也就是说，人力规划主要是要搞清楚教育与经济、社会的关系，而教育规划主要是关注于教育

① 虽然人力需求预测在过去一个时期曾以不同的方式、为着不同的目的进行过，但这里所说的人力需求预测主要是指作为对教育规划有所帮助的人力需求预测。这样的人力需求预测是指由政府所做的、为满足社会经济发展所需的受过一定教育的人力需求预测，而不包括由公司或企业所做的、旨在形成近期就业政策的短期人力预测。

系统的内部运作和管理。任何社会中的教育的一个主要功能是为经济社会发展培养合格人力，从这个意义上说，教育规划必须运用与人力资源规划同样的人力标准。

由于教育具有生产性、具有经济功能，教育既产生于生产力的发展，又促进生产力的发展，尤其进入工业时代、知识时代以后，教育在提高劳动者素质、提高生产力水平、促进经济发展方面的作用更突出。然而，很明显，教育除了提供合格人力之外，还有许多重要的社会功能，这是因为教育本身具有多种社会属性。在阶级社会里教育具有阶级性，其特有的功能表现在教育适应并维护一定阶级的根本利益，维护国家政权统治及其政治关系。在这个意义上说，教育是使受教育者逐步实现一定社会政治、经济要求的过程。因此，不同的社会形态就有不同性质的教育。教育的文化性表现在教育具有保存、活化、选择、整理、更新、创造文化的功能。教育的经济功能、政治功能、文化功能是教育的基本社会功能。其他如科学技术功能、人口和生态功能等是这些基本功能派生或演化出来的，多种功能相互联系构成一个整体。当然，对于教育的经济、政治、文化功能，到底哪个最根本、最重要，不同的学者有不同的观点。但这并不影响我们承认教育规划与人力规划的异同点。

正因为教育的多重功能，使得教育规划与人力规划既有联系又有区别。由于教育职能的多样性，教育规划不能仅仅基于人力资源的考虑，而必须考虑教育所要完成的所有目标。因此，比较而言，教育规划较之人力规划既更广泛又更狭窄。更广泛是因为两者都关心人力资源的发展，但教育规划必须考虑人力资源以外的各种社会目标（或非职业性的目标）；更狭窄是因为许多人力资源规划所关心的内容又不属于教育的范畴。但不管怎样，人力规划与教育规划之间存在某种紧密联系是不可否认的。

## 第二节　为什么要制定教育规划

有学者认为在市场化的过程中，各种因素急剧变化，使教育规划存在的意义越来越微弱。但我们从教育规划的发展历史可以看出，现代形式的教育规划虽然是起源于实行计划经济的社会主义国家——苏联，但是，却并不是计划经济国家的专属，实行市场经济的各国也都在不同程度地制定和实施规划。这就像是计划和市场一样，各国都需要。计划和市场都是各国推动社会经济进步和发展的工具，规划同样如此。因此，不管是以苏联为代表的计划经济国家，还是以英美等为代表的市场经济国家，在其历史中或多或少都有各种教育规划。那么，对一个国家而言，为什么要制定教育规划和高等教育规划呢？从宏观高等教育规划的角度来看，笔者认为主要有以下三个原因。

## 一　缘于教育与经济的关系

这一点我们也可以从20世纪五六十年代教育规划的兴衰中略窥一二。当时，由于西方人力资本理论盛行，教育规划随之欣欣向荣。当时大量的研究文献都试图证明教育与经济发展之间的直接关系。舒尔茨提出了人力资本理论，阐明教育能为劳动力市场提供有知识、有技能和富有竞争力的劳动力，从而成为促进经济发展的必要因素。罗斯托提出了经济发展阶段理论，认为第三世界国家可以通过大力发展教育，提高全民族的科学知识水平，加速工业化进程，以实现经济的“腾飞”。而高等教育对经济的发展尤为重要。这些学说为教育规划的发展提供了理论基础，教育被认为是经济、社会发展的重要途径。因此，教育规划的制订就在情理之中、势在必行。

## 二　缘于较长的人才培养周期

教育是培养人的事业，高等教育在于培养专门人才。培养专门人才一般需要三到五年甚至更长的时间。因此，如果我们没有对未来一定时期内的人才需求做出判断的话，那么到时就不可能提供适当的合格人才，就会造成人才过剩或人才不足，甚至这两个问题并存，即结构性失业。这样，对于国家和个人而言都是极为不利的，既浪费了社会有限的资源和个人宝贵的时间，又不利于经济和个人的发展。

## 三 缘于资源和教育资源的稀缺性

我们知道，教育已经慢慢地由以满足社会经济发展需要为主，转向以满足人自身的发展需要为主。由于群体和个人都去竞争最好的工作（科林斯，Collins，1979），或者由于父母期望子女的教育能够达到或者超过上一代受教育状况（埃里克森和约翰逊，Erikson and Jonsson，1996）等原因，所以人们对高等教育需求动机或期望不断提高，我国人民群众对高等教育的需求更是如此。但是，我们不可能只根据社会经济发展对人才的需求以及人民群众的高等教育需求来确定高等教育的发展，因为，若要满足这些需求，必然需要各种人、财、物等资源的支持。但是，一个国家的资源毕竟是有限的，能够分配到教育的资源更是有限的；而且教育系统内部资源还需要进一步合理分配。那么，在有限资源的情况下，如何在整个社会系统和教育系统内部达到资源及教育资源的合理配置和最大化应用就非常重要了。这就需要社会、经济等规划者和教育规划者的努力工作并进行合理权衡。

因此，教育规划是国民经济和社会发展规划的重要组成部分。它勾画了不同时期各国教育发展的蓝图，以其宏观性、指导性、预测性和可操作性，成为各国教育工作的重要依据，是国家促进教育协调发展的重要工具。一般情况下，教育规划与国家在一定历史时期的教育发展战略相呼应，它指导着教育年度计划的制订和实施，使优于自然发展结果的社会预期目标得以实现。

教育规划是积极的、系统的政府干预。应该说，教育规划阐述了规划期间国家对教育的发展意图和预期目标，并明确了相应的政策、措施和工程，是各级教育行政部门对教育事业进行宏观管理的重要调控手段之一。同时，教育规划是一个社会公众民主参与的决策过程。教育涉及千家万户，也离不开各行各业的支持。教育规划的编制和实施都是在社会各界的参与下进行的，是广泛协作的过程，这个过程将对人们的思想认识和行动产生广泛而深刻的影响。从中央到地方、从政府到每个人，都要自觉地把目标转换成行动方案，为协调教育和社会、经济的关系，为教育创造良好的发展环境贡献自己的力量，共同努力，使各国教育事业更上一层楼。

## 第三节　教育规划的分类

对于教育规划的分类问题，我们可以按照不同的视角和分类标准分成不同的类型。如依据时间的长短，有长期教育规划和短期教育规划；依据涉及事项的多寡，有综合或宏观教育规划和单项或微观教育规划；依据地理范围的大小，有跨国地区教育规划、国家教育规划和国内地区教育规划等。下面我们给出的几种分类基本上是按照教育规划的方法来分类的，这也是20世纪后半叶，国内外学者辩论得最多的几种教育规划类型。

### 一　技术型教育规划与政治型教育规划

根据理性模式的观点，教育规划主要是“技术上的操演”，甚至完全是技术运用的活动。教育体系的一般目标是由教育体系外的政治过程决定的。当确定教育发展的总目标后，技术型教育规划者会运用各种严谨的技术分析和预测方法来确定实现目标的最有效方式，或者向决策者提供一套经过周密评估的备选方案。这种规划尽管具体技术相当复杂，要求较高，但却相对简单易做易懂，经常用于教育体系内部。比如，当预测到入学人数的增长及其对教师的需求时，那么规划者自然就要考虑如何扩建校舍和增加教学设备，如何设置新的课程，如何培训教师等。在其他情况下，技术型教育规划一般涉及综合和整理现有的研究成果来评估不同的政策或各种政策的组合所可能带来的效果。①

技术型教育规划的典型目的就是“制订一个计划”，里面列出了一套具有特定具体目标的政策以及实现这些目标的手段，通常包括详尽的实施计划。技术型规划假定分析数据和研究结果等必要的信息是

① 方彤：《外国教育规划研究泛谈》，《河北师范大学学报》（教育科学版）2000年第4期。

客观存在的，而且规划者可以获取这些信息。同时假定目标是已知的、不变的，备选政策也是已知的，政策环境始终是基本稳定的。当能满足这些条件时，技术型教育规划就能取得巨大的成功。

然而，越来越多的质疑认为，在现实中，上述条件很少能够满足：统计资料常常缺失，其精确性也令人起疑；教育发展的各项目标常常是模糊不清，且不断变化，甚至互相矛盾；社会环境很少变化，也很少按预计的方向发生变化；还有，据对20世纪80年代后期欧洲各国教育规划的调查表明，没有多少决策是建立在科学研究成果的基础上的（法格林德和斯约斯特德，Fagerlind & Sjosted，1989）。[①] 由于技术型教育规划在实践中面临诸多的难题，促使人们认为，尽管规划必然涉及大量的技术性分析，但规划本质上是政治性的，即上面谈到的互动模式。

根据互动模式的观点，教育规划主要是一种“政治上的操演”。教育规划是试图塑造未来的教育，而如何塑造未来的教育，不同的社会群体和不同的利益集团必定有不同的甚至针锋相对的看法。因此，对教育目标的设置以及对各种备选方案的确定和评估无一不是政治上利益不同甚至相互冲突、权力不等的社会群体或集团（不管按什么标准划分，如性别、种族、宗教、阶层、居住地区等）之间的竞争（希弗贝思，1975；法雷尔，1986；麦克金和斯特里特，McGinn and Street，1986）。比如有关未来教育的争论中就包含了大多数人深切关注的问题：他们的子孙或其他儿童有什么样的前途以及现在的儿童将来会在一种什么样的社会中生活，因而必然是高度政治化的（法雷尔，1990）。教育规划试图确定教育的未来，因而本身就非常政治化。按照这种观点，政治型教育规划者除了技术熟练，还必须是拥有高超政治技能的高手，必须考虑与教育利害攸关的各种社会群体。这类规

① Fagerlind I. Sjosted B.，*Review and Prospects of Educational Planning and Management in Europe*，*Working Document for UNESCO/International Congress on Planning and Management of Educational Development*，Mexico，Paris：UNESCO，1989。转引自［瑞典］T. 胡森、［德］N. 波斯尔斯韦特总主编、［加拿大］J. P. 法雷利主编《教育大百科全书：教育政策与规划》，刘复兴译审，西南师范大学出版社2011年版，第58页。

划经常被称为是"参与"、"协商"、"交易"、"互动"等的规划，也经常被称为"战略规划"。在美国的几个州和一些大城市都用这种称谓。战略规划系统地包含了所有利益相关群体和潜在受影响的群体，试图进行集体选择而不是去确认和评估政策选择，考虑意见一致而不是对结果进行精确预测。这种模式的教育规划不是一种纯客观、理性的分析、预测和控制的规划，而是一种考虑人的主观因素而做出政治决策的规划（布赖森，Bryson，1988）。

国外有的学者认为，两种教育规划并不是非此即彼，如同水火，而是各有各的用场并且可以互相转化的。对于解决"有形"的教育问题，技术型教育规划可以发挥作用，例如，根据人口发展趋势，决定如何安排和建设学校，如何设计学校布局等；而对于解决"无形"的教育问题，政治型教育规划则有了用武之地，例如，如何使人们在教育目标、教育需求、教育公平、教育质量上达到较为一致的认识，如何安排教学内容等。而当人们对问题的性质和教育发展的总目标有了共识后，则又可利用技术型教育规划的一系列程序。[①] 其实目前国内外许多教育规划都既包含技术型规划，又包含政治型规划，只是可能权重有所不同而已。如非常著名的美国加利福尼亚州高等教育总体规划就很好地结合了这两种方法。

## 二　"自上而下"教育规划和"自下而上"教育规划

技术型教育规划和政治型教育规划的中心问题是，在一个开放的社会里，教育规划在多大程度上考虑了各种政治团体和社会群体的相关利益。"自上而下"教育规划和"自下而上"教育规划的关键问题是，教育规划在多大程度上考虑了教育体系内部下层实施者（校董、教师和学生）的利益、观点，这些人多大程度上参与了规划制定的过程，他们在执行规划者或决策者的决定时所拥有的灵活性程度和自主权大小。也就是说，这其实是一个教育体系内部权力分配和运作的问

① 方彤：《外国教育规划研究泛谈》，《河北师范大学学报》（教育科学版）2000 年第 4 期。

题，而不是一个教育体系外部权力分配和运作的问题。[①]

从实践经验来看，这两种问题常常互相交织在一起，但却是截然不同的。有的国家实行教育集权管理，在全国实行“自上而下”的教育规划，但却充分地考虑了教师的意见；有的国家实行教育分权管理，在全国实行“自下而上”的教育规划，但各地却在辖区的教育规划中完全不考虑教师、家长、学生的意愿，是典型的政治规划体系（如20世纪60年代末在很多方面很成功的智利教育规划体系就是如此）（法雷尔，1986）。在分权化体系内部，每个地方单位对自己的环境具有政治敏感性，但在各个地方单位内部均实行“自上而下”的操作方式，以严格的命令模式运作，忽视教师和学生的要求（加拿大安大略省20世纪70年代初曾有过这样的情况）（法雷尔和亚克山大，Farrel and Alesxander，1975）。总的来说，这两种教育规划的最终问题是教育规划是否仅是一批国家的或地方的官僚、政治和利益集团精英的事情。“自上而下”就是把规划当成教育体系内部上层人物的事务，然后命令下层实施，下层人物只有遵命行事的份儿；而“自下而上”教育规划就是把规划当成可由教育体系内部下层人物参与并承担责任的事务。

从经验来看，一般情况下，中央强制和命令式的“自上而下”的方法很少运转良好，成效甚微，即使能在短期内运转良好的地方，往往是通过巧妙利用教师和下层管理者使其按高层次的政治官僚“专家”的观点操作（迈尔斯，Miles，1978；富兰，Fullan，1982）。可一旦“自上而下”教育规划需用强迫手段来推行的话，就容易在教育体系内部引发愤恨和抵触，使得以后规划的执行和改革更为困难。

## 三　变革型教育规划和守成型教育规划

教育规划是变革型还是守成型，是依据教育规划所具有的功能和

① 方彤：《外国教育规划研究泛谈》，《河北师范大学学报》（教育科学版）2000年第4期。

所要完成的任务而划分的。从历史上看，当人们普遍认为教育必须发生大规模变革的时候，教育规划作为一个研究和实践领域逐渐显示出其重要性。因此教育规划往往和创建新的教育体系、对已有教育体系的大规模扩张或促使现存教育体系发生重大改革联系在一起。正是基于这种原因，许多有关教育规划的讨论和辩论都暗含这一个假定，即将于规划仅仅或主要是进行大规模的教育变革才必需的，教育规划毫无例外是变革型的。然而这种假定掩盖了这样一个事实，即许多教育规划其实是着眼于维持现存相对稳定的教育体系，或为使现存的教育体系适应新的社会需求而进行相对小规模的改革设计。有些传统规划模型和方法的批评者认为，即使教育规划看起来是针对大的改革，但实际上只是做了很小的变动。从经验来看，教育体系的确不总是面临着来自政治方面进行重大改革的要求，因此，它会长期保持相对稳定。而且从历史趋势上看，每当教育体系经历一次重大变革后，会有相对较长的一段稳定时期。在这段稳定时期，就需要各种守成型教育规划，以维护已有的变革成果。如人口增长、老龄化、教育适龄人口数变化以及人口流动就要求对常规入学人数和教师需求进行预测，并为新设施或设施维护制定相应规划。再如，经济、产业结构方面的普通常规变化导致了对新的职业技能的需求，这也要求教育相关部门规划新的学科或专业。常规的评估体系表明，长期以来被认为运转良好的项目及其实践正变得问题重重，要求规划出新的项目和政策。也就是说，基本目标仍然保持不变，但是为达到这些目标必须设计新的经过少许修正的方式。

当然，变革型教育规划者所需要的专业上、管理上、政治上的技能和规划方法不同于守成型教育规划。换句话说，那些擅长于制定旨在维护教育连续性和稳定性的守成型教育规划的人士，尤其是那些从现存教育体系中拥有既得利益的高级行政官员，可能最不擅长制定旨在引起重大变化的变革型教育规划。因此，在经过一段比较稳定的时期后，要有效地规划重大改革，需要制定变革型教育规划时，要谨慎挑选规划成员，让规划者有机会忘却旧的技能和习惯，学习新的技能和习惯。要这么做，唯一有效的办法是在官方行政机构外面建立一个全新的权力实体或重新界定一个已有的权力机构的作用，使其能够超越常规的行政渠道和奖励机制进行运作（麦吉思，McGinn et al.，1979）。

当然，以上有关教育规划的分类同样适用于高等教育规划的分类。因此，我们也可以把高等教育规划分成技术型规划和政治型规划、“自上而下”型规划和“自下而上”型规划、守成型规划和变革型规划。

## 第四节　教育规划的程序

不同类型的规划模式，其程序的表现会有所不同，但大体包括以下几个步骤①。

### 一　功能定位，确定目标

对于高等教育发展的功能的认识会影响到对其目标的确定。在教育，尤其是高等教育越来越卷入当今复杂的社会事务的时候，强调教育多种功能和内外部目标的协调，无论对于教育的规划，还是对教育本身的健康发展，都是必要的。

教育的多重功能，尤其是高等教育的多重功能，在理论上反映在高等教育价值观念的冲突上。按照布鲁贝克（John S. Brubacher）的说法，高等教育在现代社会中确立其地位的主要途径有两种，即存在两种不同的高等教育哲学——以认识论为基础的和以政治论为基础的教育哲学。前者力求使高等教育成为“不受价值影响”（Free-values）的象牙塔，成为人们进行知识探索的自律场所。根据这种哲学，高等教育的政治化会导致学术的贬值，而远离现实是学术研究不可缺少的条件。后者则主张高等教育必须考虑价值问题，通过提供知识和人才帮助解决人类面临的重大问题。两种高等教育哲学在高等教育的不同

① 具体可以参见杨晓青、管西亮、秦昌威《教育规划理论与实践》，中国大百科全书出版社2006年版，第23—71页。

发展时期此起彼伏。在约翰霍普金斯大学建立以前的美国高等院校中，政治论的教育哲学占支配地位；由于德国研究式大学引进美国、基础研究受到重视，高等教育开始转向认识论的教育哲学，“研究生院以不受市场和政界影响为荣，本科生院趋向于成为与世隔绝的修道院式机构”。然后，不断加速的工业革命以及“知识产业”的出现，使高等教育从社会生活的外围变成了社会生活的中心，变成了仅次于政府的社会变革的工具，变成了新思想的发源地、领导者、推动者和交流中心。布鲁贝克告诫人们，在政治论哲学盛行的今天，高等教育“一定不能完全变为商业性质的，不能仅仅生产文凭和知识”（布鲁贝克，1982）。

卡耐基基金会高等教育委员会在哲学和历史的分析的基础上，提出了高等教育的五大目标：①为每个学术的理智、审美、伦理和技能的发展提供机会；②发展人的社会能力；③扩大中等后教育年龄组的入学机会，促进教育机会均等；④传递和发展学问和智慧；⑤通过个人思考和说服，为社会的自我更新做出批判性评价（卡耐基，Carnegie，1973）。

高等教育的发展目标一般可以分为阶段性目标和终极目标。因此，在认识高等教育的功能和作用的基础上，确定高等教育规划目标时，应该首先关注高等教育的终极目标。人本主义认为，高等教育的终极目标应是对人的终极关怀，“教育应当促进每个人的全面发展，即身心、智力、敏感性、审美意识、个人责任感、精神价值等方面的发展”。[①] 正如爱因斯坦所言，“学校的目标始终应当是：青年人在离开学校时，是作为一个和谐的人，而不是作为一个专家。……发展独立思考和独立判断的一般能力，应当始终放在首位，而不应当把获得专业知识放在首位”[②]。美国著名高等教育家赫钦斯也呼吁：教育应

① 联合国教科文组织国际教育发展委员会：《学会生存——教育世界的今天和明天》，华东师范大学比较教育研究所译，教育科学出版社1996年版，第180页。

② 赵中立、许良英：《纪念爱因斯坦译文集》，上海科学技术出版社1979年版，第70页。

是主体为人的教育，教育的目的唯在发挥人性，使人达到完善的境界，教育的目的是人性而不是人力，教育不应该成为可悲的经济工具①。高等教育的发展目标应该以上述终极目标为基础，来确定不同时期高等教育的阶段性目标。因为，不同时代的高等教育规划，其所关注的目标应该是不一样的，应该随着时代的发展而变化。也许在某一时期，高等教育规划更多地关注的是服务于经济目标的实现，而在另一时期，也许更多地是关注于受教育者间的公平性问题。

## 二 调查研究，分析预测

要形成科学的规划必须从调查研究入手。调查不仅要包括高等教育内部的情况，还要包括高等教育外部的情况，了解社会发展对高等教育的要求；不但要了解当前的教育情况，也要掌握历史上以及国内外高等教育发展的有关资料。应重点调查老百姓对高等教育的需求意愿、社会经济发展对高等教育人才的需求情况；参加调查的专家要深入第一线，根据制订规划的内容要求，尽可能得到真实可靠的素材和数据。

对调查获得的大量数字、典型材料、群众反映、历史资料等，要进行综合分析和判断：哪些是真实可靠的？哪些材料是应进一步核实的？把材料归类综合。可将搜集到的相关数据形成高等教育规划信息库，为预测提供基础。预测时要提出不同的方案，要对各个方案集思广益，充分讨论，遴选出最优方案，也可以汲取各个方案的优点，制订出最佳方案。

## 三 起草论证，制定文本

在起草高等教育规划时，还应该通盘考虑整个教育系统的规划，要坚持做到统一性、继承性。统一性指政府、社会和民众对义务教育和非义务教育的统一要求；继承性，要注意现有的规划与过去规划的

① ［美］罗伯特·M. 赫钦斯：《美国高等教育》，汪利兵译，浙江教育出版社 2005 年版，第58页。

衔接，要继承过去规划行之有效的方法、措施，继续完成过去未完成的任务指标。通盘考虑之后，应由有关单位（可由教育行政部门牵头）组成起草班子，确定主要执笔人，根据大家讨论通过的提纲进行起草，写出初步方案，经反复讨论后，提出规划草案，由有关单位再作讨论修改。随后将草案交由社会各界讨论，广泛征求群众对规划草案的意见，集思广益，通过必要的论证会和论证手续，集中各方面的意见取得比较一致的意见，得前各有关部门认可后，进行修订规划，形成规划文本，并交由相关职能部门审批，正式公布。

## 四　有效执行，走向行动

G. 艾利森指出："在实现政策目标的过程中，方案确定的功能只占 10%，而其余的 90% 取决于有效的执行。"[①] 教育规划执行是在复杂的社会系统中进行的复杂活动，其有效性经常会受到某些因素的影响，使教育规划在付诸实施后，并不尽然取得预期的规划效果，反而造成规划执行走样，甚至导致规划执行失败。在高等教育规划的执行过程中，要提高执行的效果，需要广泛的公众参与。从公民参与的角度出发，影响教育规划有效执行的因素包括教育规划自身的质量、教育规划执行的主体、教育规划受众的状态和教育规划执行的路径，[②] 尤其是规划的执行路径尤为重要。

对公共政策执行过程的认识，国外学者有三种观点：一是层级制的执行观，认为政策执行是一个由上而下的控制过程；二是市场的执行观，认为政策执行是一种由下而上的执行模式；三是体制的执行观，通过执行体制来诠释政策的执行过程，而执行体制就是在政策执行过程中应当遵循的互动规范、规则及程序等要素的整合[③]。借鉴保

---

① 王福生：《政策学研究》，四川人民出版社 1991 年版，第 167 页。

② 王鹏：《公民参与是保证教育规划执行有效性的重要途径》，《内蒙古社会科学》（汉文版）2011 年第 3 期。

③ 陈潭：《公共政策学》，海南出版社 2002 年版，第 212 页。

罗·A. 萨巴蒂尔对于公共政策执行路径的探讨①，教育规划执行也存在着自上而下与自下而上两种基本执行路径。

自上而下的执行路径，即规划由上层政府设计和制定，并细化为各种具体的教育政策，由下层政府的教育行政官员执行。政策制定和政策执行被视为规划链条上的上令下行两个环节，规划制定者决定规划目标，规划执行者实现目标。基于行政二分法的立场，充分体现了由上而下的行政组织的层级原则，是韦伯式的科层理论传统在政策执行领域的彰显。我国的宏观教育规划，如《中国教育改革与发展纲要》、《面向 21 世纪教育振兴行动计划》、《国家中长期教育改革和发展规划纲要（2010—2010 年)》等，基本采用的是自上而下的执行路径，从战略上设定规划的总目标，在规划执行的各个环节分解总目标，以体现出标准的统一性、配置的公平性和规划的执行力。自上而下的执行路径保证了规划执行的效率，保障了集体利益的实现，统一了集体行动，追求的是规划理性与规划效率，但是，它缺少规划执行主体在规划执行过程中的制定权、知情权、执行权、监督权等诸多权利的实现，容易造成规划过程的垄断和信息屏蔽。而且，它易将规划执行看作是政府的事情，忽视规划利益分配与规划主体的利益诉求，忽视社会团体、其他非政府组织和中介组织在规划执行过程中的参与，忽视公民个人利益与意志的表达，其实质就是忽视公民参与。

自下而上的执行路径强调规划的制订与执行，在互动中共同协商规划目标的达成。自下而上的执行路径具有两个基本特征：一是强调基层官员的自由裁量权以及主张多元行动者的复杂互动；二是强调从基层的实际情况或问题出发，研究规划的执行过程。主张规划执行过程不是由高层政府及其官员的法令和规则所控制，而是规划利益主体之间利益整合的博弈过程。微观的教育规划和部分中观教育规划应当贯彻自下而上的规划执行路径。与自上而下的执行路径相比，自下而

① Paul A. Sabatier, "Top-down and Bottom-up Approaches to Implementation Research: A Critical Analysis and Suggested Synthesis", *Journal of Policy*, Volume6, Issue 1, January 1986, pp. 21 - 48.

上的执行路径强调非正式制度和非正式结构对公民利益在规划执行过程中利益表达的重要作用，但其忽略了规划执行合法程序的保障以及正式的政治结构和制度安排对规划执行的制约和影响。

## 第五节　影响理性制定教育规划的主要因素

教育规划是否科学、理性对于一国教育，甚至社会经济能否健康发展，其重要性不言而喻。因此，我们必须努力制定出科学理性的教育规划。但是，科学、理性的教育规划的制定并不是一件唾手可得的事，相反是极其困难的。笔者认为科学、理性教育规划的制定，主要受制于以下几个重要因素。

### 一　教育规划本身的理论和方法

教育规划本身的理论和方法的完善性、科学性必然会影响到科学理性教育规划的制定。在教育学、管理学或经济学界中，规划领域，尤其是教育规划领域的理论和方法是较为匮乏、不够科学和完善的。这可能与教育规划本身兴起较晚有关系，也可能与教育活动本身的特征有关系。因此，从半个多世纪以来的教育规划实践看，教育规划的历程是较为艰辛，有着诸多的发展困境。正如下一章中我们将提到的那样，教育规划的困境除了源于教育所处的外部环境条件的变化，非常重要的还是由于教育规划理论和方法论本身的不完善。各种理论和方法论都片面扩大了教育，尤其是高等教育与社会经济发展的关系的某一侧面；有的方法论，其基本假定或基本原理缺乏坚实的实践基础或经不起逻辑的推敲；有的方法论仅仅停留在纸面上，没能找到走出象牙塔的路径。教育的现实和不确定的未来都呼唤规划方法的变革。

### 二　教育规划者的专业素质

很明显，但凡只要涉及“人”这一主体的各种事情，那么主体素质的高低就非常重要。同样地，教育规划者素质的高低必然会影响到科学、合理与否的教育规划的制定。这里所指的“素质”，笔者认为主要包括他们的教育理念（如教育的最终目的和作用等），他们对教育与经济、社会之间关系的认识（如高等教育对经济和社会发展的作用到底如何），以及他们所具备和掌握的教育规划知识和技术（如对规划定义、作用等的理解，对规划和预测方法的掌握和运用情况等）。毫无疑问，这些方面的“素质”都会影响到最终教育规划的制定到底是否科学、合理。

### 三 规划者对教育和社会的历史、现状及未来的认识

由于教育规划是基于历史和现状但又面向未来的，因此，在教育规划的实际制定工作中，教育规划者对于教育本身以及与教育相关的一切社会、经济因素的历史和现状应该有一个清晰准确的认识，并且对于未来教育的发展方向应该有一个较为准确的判断。如果对历史和现状认识不清，对未来把握不准，那么这样制定出来的教育规划也就称不上科学、合理了。当然，由于社会、经济等的发展并不是线性的，当中充满了各种变数和不可预知的因素，因此很难做出精确的预测，因此，也很难精确预知其对未来教育发展的要求。这也是为什么教育规划工作难上加难的原因之一。而教育规划者所应做的就是和其他规划者一起，尽可能准确地预测未来社会、经济及教育的发展，最大限度地减少误差，并提出各种可能发生的问题及应对策略。

### 四 政府政策及政治因素

当前，教育规划的制订和执行，似乎并不只是教育部门的事情。由于教育规划与社会经济的发展密切相关，因此，教育规划必然会受到社会政治及政策因素的影响。而且，由于教育规划的实践性、应用性是非常强的，它是一门应用性学科，教育规划者为了使教育规划更现实并捍卫教育的原则和目标，往往越来越关注于教育规划与经济规划的联结，以至于教育规划的整个概念就落入了社会规划的范畴。因此，如果规划过程与决策制定和操作完全脱离的话，那么教育规划工作只能成为纯粹的学术活动，并不能在实践中获得应用和检验。或许“规划规划，墙上挂挂”正是反映了这一点。一个国家的其他政府组

织部门往往会对规划所设定的目标及是否执行等产生影响。虽然这并不一定完全科学，但确实是难以避免的。如我国1999年高校的大规模扩招就是受政府政策和政治影响的一个极佳例子。当时，在一定程度上出于拉动内需的考虑，政府临时做出了这样的一个决定。不管这一决定究竟起了什么样的积极或消极作用，至少有一点可以肯定的是，这样的决定从教育本身的发展规律来看是有违常理的。这就使得原本的教育规划失去了应有的意义（暂不论原本的教育规划是否科学、合理）。这样的情况国内外都曾发生过。因此，教育规划者往往需要在这个问题上把握好尺度，既要充分考虑各种政治因素，又要保证教育本身的独立性。

当然，对于什么才是科学、理性的教育规划这一问题，其实很难衡量和评判。笔者认为，如果一个教育规划得以实施和执行后，切实促进了教育的发展，并推动了社会和经济的发展，那么这样的教育规划就应该是科学、理性的。但是，这样的一个标准却存在一个必要前提，即规划得以实施。而且，教育规划对教育及社会经济发展的作用的评判是一个未来的概念，因此，对教育规划是否科学理性做出评判，或许需要等待10年、20年才能知晓。这无疑使得教育规划的评价工作难以顺利、及时地进行。

鉴于此，笔者建议，其一，有必要成立专门的高等教育规划部门，独立于其他政府部门的运作，以尽量减少政治、政策因素对高等教育发展规模和速度的直接干预；其二，高等教育规划的制定需要很强的专业知识和技术，因此，笔者认为应培养一批高等教育规划专家，可以让国内外资深教育规划专家和学者给新手进行培训，也可以遣派教育规划者前往国际教育规划研究所等专业部门和机构或学府进行直接的理论和技术学习。

## 本章小结

本章详细介绍了不同学者对于规划和教育规划概念的不同界定，探讨了教育规划和高等教育规划的特征、意义、程序、分类以及其制定的影响因素。本章末还相应地提出了两个政策建议——成立专门的高等教育规划部门和培养高等教育规划专家。

通过分析，我们得知，从教育的历史和现实中证明，教育规划的基本理论和方法论及其程序和技术，都是不完善的。教育的发展在特定的经济社会条件下受挫，促使人们反思教育规划的用处和存在的理由，各种怀疑、批评甚至否定屡见不鲜。

然而，教育规划只是决策的工具或方法论。教育发展中的问题，除了社会条件的变化之外，很重要的一点是由于教育发展决策的指导思想有问题，比如，60 年代教育规划的失败部分是由于教育乐观主义对教育及其规划的不切实际的期待造成的。因为决策工具的不完善而否定这种工具，进而主张全盘否定规划的意义和作用，既不是公平的态度，也不利于规划的完善和发展。而且，对于我们这个以公立教育为主体的国家中，规划显得尤为重要（贝尔特朗，1992）。

因此，笔者认为，因噎废食是不对的，而且也许危机正是重新思考高等教育发展和教育规划的一个契机。科学、理性的高等教育规划受到诸多因素的制约，其中，教育规划理论和方法论本身的完善及科学与否举足轻重。因此，有必要在全面了解中西方高等教育规划方法的基础上，探讨使我国高等教育规划科学、理性的规划方法论。

# 第二章　高等教育规划五种主要方法述评

## 第一节　西方高等教育规划的主要方法

自20世纪50年代出现现代意义上的教育规划以来，教育规划经历了兴起—盛行—渐入低潮—新一轮发展等几个阶段。纵观几十年的历史，我们发现教育规划的历史其实是各种规划方法论此起彼伏、相互比较、展示或暴露各自优缺点的历史。形形色色的规划方法论，随着人们对教育与经济间关系的认识深化而相继登台，并不断自我完善，以回答实现某种社会目标所需的教育种类和数量以及从教育投资中获得相对收益的问题。我们大体可依据历史的线索，概要地评述以下五种西方主要的高等教育规划方法（帕纳斯，1962；布劳格，1967；萨卡罗普洛斯，1980；郑继伟，1991；王善迈，1996；曲恒昌、曾晓东，2000；张春曙，2000）。

### 一　人力需求法

#### （一）人力需求法的理论基础

早在两个多世纪前，经济学鼻祖亚当·斯密就提出，劳动的专业化有利于提高劳动生产率。因此如果我们想要达到最大的经济发展，那么拥有具备知识和技能的足够数量的学校毕业生进入劳动力市场并成功地参与有效的工作，这是非常重要的。对于未来收益，包括教育投资的未来收益的不确定性，使我们不得不怀疑教育所需的投入是否可以毫无外界干扰地获得。因此，1962年，帕纳斯就提出了一套人力规划的方法和模型，旨在获得未来某一GDP水平所需的分部门、分职业及分教育水平的劳动力数量。

人力规划方法应用到教育规划的理论背景主要是20世纪五六十年代人力资本理论中有关教育与经济发展的理论。这一理论主要探讨教育、劳动生产率和国民收入之间的关系。这一理论认为教育投资能够增加受教育者未来的预期收入、缩小人们的收入差异、增强劳动者职业选择和流动的适应能力等。而同时，劳动力质量的提高，正是国民生产总值或国民收入增长的重要因素之一。简单来说，即教育扩张能带来劳动生产率水平的提高，进而提高国民收入，促进经济发展。这一理论应用到教育规划中，便促成了人力需求（人力预测）法的正式产生和迅速发展。

教育规划中的人力需求法，其最基本的假设前提是经济发展有赖于促进经济增长所需的受过教育和训练的各种人力。这一假设前提可以说是毋庸置疑的。如若想开始一个新的钢铁工程，除了准备应有的各种物质资本和金融资本外，还必须同时提供科学家、工程师、管理者、技术专家、技术工人、办公人员等各种受过教育和培训的劳动力。而教育作为一个社会的子系统，其功能之一就在于提供各种具有从事生产活动所必需的能力的劳动力。而且，由于教育资源是一种稀缺性资源，为了最合理、有效地利用有限的教育资源，我们必须以最小的成本培养未来经济发展所需的各种人力。因此，人力需求法在教育规划中的地位就显而易见了。它与其他教育规划方法，如国际比较法、社会需求法等相比而言，对教育规划的影响力更大，应用范围也更广。其实，苏联在1928年就最早用人力预测法进行了专门职业类型的人力需求预测。第二次世界大战后许多国家都将人力规划与教育规划紧密联系。海雷斯（Harris，1949）和沃尔弗尔（Wolfle，1954）分别预测了美国大学生的供求和未来科学家的需求；英国的科学人力委员会在20世纪50年代和60年代初持续做出预测，指出科学家和工程师的缺乏；法国一直热衷于人力预测，50年代以来，人力需求法成为法国全面指示性计划的一部分。在发展中国家，经济增长、结构变革、工业和公共部门的本土化，要求大力发展教育，以人力需求为基础的教育规划为大多数发展中国家所采用。最早的例子是尼日利亚，1960 年阿什比委员会做了未来 20 年高中级专门人才需求的预测。到 1970 年，有 20 个非洲国家对人力需求做出了预测。1965 年，经济合作与发展组织（OECD）在秘鲁召开讨论会，讨论“地中海区域规划”的方法论在拉美运用的可能性，这表明拉美国家对人力需求方法的广泛兴趣。根据 1968 年联合国教科文组织的一次调查，所调查的 91 个国家中有 73 个国家制定了教育规划，而其中有 63 个国家使用的是人力需求法（布劳格，1970）。其中，最典型的应用当属帕纳斯为经济合作与发展组织所做的地中海区域规划（MRP）。下面以地中海区域计划为例对人力需求法作一阐述。

（二）人力需求法的基本步骤

帕纳斯（1962）承认，为了确定教育的需求而进行的人力预测，其实并不存在唯一的、大家都接受的方法。大多数这方面的工作都涉及了预测高层次的人力需求，其中用到了大量的技术，主要包括通过雇主访谈来估算未来的需求、过去趋势的外推、将职业的就业人数与总就业人数等这样的变量进行回归等方法。尽管如此，人力需求法还是必须解决一些共同的基本问题，因而存在共同的基本步骤。在地中海区域计划中，帕纳斯概要性地指出了作为教育规划基础的人力需求法的基本步骤，主要包括以下八个方面：

（1）按照各行业、各职业、各教育水平、各年龄阶段等列出基年的劳动力状况。这些数据是预测未来人力供需的基础。

（2）估计目标年的劳动力规模，即劳动力总供给。

（3）估计目标年各经济部门或行业的总就业人数。由于各个部门或行业间差异比较大，所以这一步是非常关键的。我们在估计未来劳动力职业组成时应考虑：职业结构各异的行业部门的发展差异以及各部门职业组成的未来趋势间的差异性。

（4）把各经济部门或行业的总就业人数在各个不同的职业间进行分配，即各职业的人力分类需求。

（5）把各职业需求的预测转化为各级各类教育资格需求的预测。

（6）估计目标年各级各类教育的劳动力供给情况，这基于以下几点：现有存量；现有教育系统的预期流出量以及由于死亡、离退休等原因的自然减员量。

（7）根据第五和第六步，有必要对目标年的需求预测和供给预测进行平衡。

（8）根据第七步的结果，计算每年各级各类教育的招生人数。

从以上人力需求法的步骤可知，计算人力需求的推演过程是：目标年的总就业→就业的行业需求→就业的职业需求→就业的教育需求。在此基础上，再根据目标年的人力总供给情况平衡供需，以供需之间的缺口来确定每年各级各类教育的招生数。

应该说，这八个步骤对于制定教育规划缺一不可，而且前一步的预测精度决定了后一步的预测精度，几乎可以说是“逐步决定”的一个关系。而且据经验分析表明，人力需求预测的每一步骤都存在较大的预测误差可能性。因此，帕纳斯（1962）承认，其实在这八个步骤中，每一步所涉及的方法和技术都是非常困难的。但是，困难绝不意味着不能预测。在帕纳斯主编、经济合作与发展组织出版的《推动经济和社会发展的教育规划》（*Planning Education for Economic and Social Development*）一书的第二部分中，相应地用了八篇文章来具体阐述并计算上述八个步骤——德比韦斯（Michel Debeauvais）阐述了预测长期人力需求的方法，随后贝克曼（Wilfred Beckerman）对国民生产总值以及劳动生产率进行了长期预测；在此基础上，诺瓦科（Nino Novacco）预测了分行业的就业需求，杜斯（Stenolof Doos）预测了分职业的人力需求，并且厄尔德（Necat Erder）以土耳其为例预测了劳动力的职业结构；之后，帕纳斯介绍了职业与教育资格之间的关系及其转换的方法；最后廷伯格（Jan Tinbergen）用了大量的数学模型提出了为加速经济发展而所需调整的各级各类教育的数量。这几篇文章正是说明了这八个方面的估算虽然困难，但是确实是可以进行的。当然，在这八个步骤中，从人力规划向教育规划转换的最关键环节是第五步，即确定一国经济及各部门的职业结构并转换为相应的教育类型和水平。

至于如何将职业需求转换为对各级各类教育的需求，帕纳斯（1962）在《职业与教育资格的关系》一章中提出了三个分析维度。

要解决这个问题，我们可以从三个维度来分析。[①]

首先，基于教育成就的数据进行分析。

一个显而易见的方法是获得有关目前就业于每种职业的劳动力的教育水平数据及其分布情况，并用这些比例来估算未来的需求。如如果目前 3/4 的工程师是大学毕业生，1/4 是高等中技毕业生，那么我们期望目标年所需求的工程师数量至少应该由 75% 的大学程度和 25% 的高级中技证书的人力组成。当然此方法的困难在于它假设当前劳动力的教育水平结构对于现存的职业结构而言是合适的。虽然它可以使教育规划跟上职业结构的变化，但它将会使职业结构与教育成就之间现存的不平衡有可能一直延续下去。在欠发达和发展中国家中，这个假设也许是一个巨大的错误假设。另一方面，许多欠发达国家的高等教育系统中，由于传统上过于强调“文科课程”或“职业课程”，有些职业的劳动力可能还存在“过度教育”问题。当然教育程度越高总体上可能会使工作效率更高，但在社会整体资源尤其是教育资源极其有限的情况下，“教育过度”是一个巨大的资源浪费。尽管这个方法有局限性，但收集和分析经济中各种职业的劳动力的当前教育水平数据是非常必要的，因为即使这些数据并不是“应该是什么”的有效指标，但它们对于发现目前职业准备中的不足是不可缺少的。

另一个方法是用其他国家——一般是比规划国更发达的国家作为参照系。但问题在于，对于我们怎么决定个体教育中什么比例对于其完成工作是必要的仍不清楚。也就是说，一个工人所具有的教育水平并不代表这份工作真正所需要的教育水平，这个工人所具有的教育水平究竟有多少比例用到了这个工作中，这个问题我们并不清楚。不过尽管有其局限性，但比较有关各国各职业劳动力的教育特征的数据，为评价职业结构的教育需求提供了有用的线索。但不幸的是，有效数据比较有限。很多国家缺乏比较具体的各职业的教育水平结构的数据。而且不同国家的职业分类和教育层级都不太一样，因此对比起来

① Herbert S. Parnes, *Planning Education for Economics and Social Development*, Paris: Organisation for Economic Cooperation and Development, 1962, pp. 147 – 157.

比较麻烦。但总体来说，这种方法如果注意不同国家、不同职业分类间的可比性，那么对于确定各职业所需的教育资格水平而言应该还是很有参考意义的。

其次，基于工作本身的特征进行分析。

上述这两种方法都比较依赖于各种职业的劳动力的真实教育水平，以此作为所需教育资格的衡量标准。达到一定职业类型所需的“理想”教育水平分布的可能性是什么呢？换句话说，有没有可能根据工作本身的特征，而不是目前正在就业的工人们的特征来定义各职业所需的教育背景或教育资格呢？

美国就业保障局曾经做过一个有趣的研究①，试图具体说明各项工作所需的教育和培训的数量。在此研究中，受过培训的职业分析者根据每一职业所需的“普通教育水平”和“具体的职业准备”，从美国职业字典中选了4000个职业作为样本并进行了编码。“普通教育水平”被划分为7个层次，根据三个变量进行描述：推理水平、数学水平和语言水平。“具体职业准备”被分成9个层次，每一个层次都根据“对于一个具体工作岗位的普通表现所必要的学习技术、获得信息、形成能力”所必需的时间数量来表达。在职业结构数据的基础上所估计出来的这些教育需求有很多的局限性，即使是对那些有效数据比较完善的国家来说也是如此。第一，普通教育水平和具体职业准备的估计只是代表了职业分析者们的判断。第二，可能更重要的是，把普通教育水平和具体职业准备的各种水平与教育系统的几个层级联系起来比较困难。也就是说，这些普通教育水平和具体职业准备到底意味着多少教育？另一个困难在于就业保障局所编的具体职业准备的时间也许不仅反映了正规职业教育，而且也反映了学徒期、参加培训课程、在职培训甚至在相关工作岗位所获得的经验。最后，普通教育水

① Estimates of Worker Trait Requirements for 4000 jobs，United States Department of Labor，Bureau of Employment Security，转引自 Herbert S. Parnes, *Planning Education for Economics and Social Development* ，Paris：Organisation for Economic Cooperation and Development，1962，p. 153。

平和具体职业准备分开编码，对于它们是否应该以及如何结合这些问题还不清楚。因此，以秘书为例，所要求的是在6个月和一年之间的具体职业准备。这是除了普通教育发展所需的受教育年数，还是只是其中的一部分？尽管存在这些困难，埃考斯（Richard Eckaus）教授也承认这些困难，但他仍用了BES的数据并加上显示各行业职业构成的普查数据，分析了1950年美国劳动力和各具体行业的普通教育水平和具体职业培训。埃考斯教授有关教育需求的分析是按职业构成来的。然而，可以用同样的程序来建立各职业类型所需的教育构成。尽管这个方法有局限性，但这一方法仍值得进一步的检验。然而我们可能会花费很多时间才能得到这个分析所需的基本数据。所以对于弄清某些特殊职业类型的理想的教育水平，还有一个所需时间更少的方法是有用的。这就是雇主访谈法。

雇主访谈法的提纲也许会包括下列问题：（1）所调查的企业，其现有工人的教育资格（水平）；（2）所调查的企业所规定的正式雇用条件；（3）雇主对于现有职员在工作准备充足性方面的平均水平的判断；（4）当教育经费所期望的水平必须按比例缩减到可能水平时，雇主对于有效完成工作所需的职业准备的最佳以及最低教育水平和类型的看法，可以提供一个折中的基础；（5）雇主对于在可预见的未来、工作内容的可能变化及其所期望的教育资格的看法。这个方法可能过于依赖雇主对职业及教育资格的看法，而且雇主往往只是考虑到其企业的需要。

另一个更精确的方法，可能更少地依赖于雇主的观点，而是主要仔细分析以下几方面：（1）明确的工作内容；（2）教育培训和经验的多少及其本质以及（3）工作能力之间的关系。这必然会涉及雇员样本。通过面谈可以获得每个工人有关教育和培训的详细信息（包括所有的专业化课程及普通教育成绩）及其工作经验。除此之外，还将获得有关工人的工作成绩的一个或更多的指标，这也许可以通过工人的管理者采用分等级的形式来获得。工作成绩的衡量以及正规和非正规就业准备的程度和本质之间的相互关系的分析，也许会得出有关职业准备的“理想”类型的结论。虽然这一方法操作起来比较麻烦，但为了获得较为准确的相关信息，仍不失为一个值得试验的方法。

最后，基于经济各部门的教育结构数据进行分析。

这个问题其实就是，我们有没有可能完全不考虑职业结构而直接计算行业部门所需的教育资格结构呢？我们当然有可能获得有关各经济部门内所有就业者的教育资格的分布数据。然而问题在于如何知道各经济部门内部的这一构成比例可能会随着时间的推进而发生什么样的变化。用更发达国家的国际比较可能可以提供很好的建议。但这样做的危险在于在更发达国家中的更高水平的教育资格，也许只是反映了那个发达国家更富有、更发达及其对教育作为消费的更多地强调，而并不是更高层次的人力需求。当然同样的反对理由也适用于职业群体教育资格的国际比较。不过无论如何，行业结构的教育资格水平的国际比较都是有用的，因为它们至少使我们看到不同国家间在参与各经济部门的教育数量方面是否存在同样的差异。这样一些数据对于检验用其他方法所估计的一国经济部门的教育需求是有参考意义的。

虽然这几个方法都存在一定的缺陷，但到目前为止，仍不失为解决职业需求向教育需求转换的可操作的良好方法。

人力需求法由于上述所提到的所需的八大步骤，而被称为逐步规划法。它与同步规划法不同。同步规划法是以数学模型为依据，这模型能综合各种复杂的关系，同步地解决与各种因素有关的连贯性和经济测量的问题。如廷伯格、鲍斯和科雷亚等提出的方法。同步规划法的理论比较严整，概念明确，但在实施上仍然处于试验阶段。①

根据人力需求法的八个步骤和提及的八篇文章，我们可知，人力需求法实际操作起来确实难度较大，而且要涉及各种繁复的数学计算，其理论较为粗糙，概念比较简单。但是尽管如此，其思路却简单明了，而且多年的实施已使它的技术趋于精确，为大多数国家所采

① 转引自洪熙《教育规划之概念与技术》，《外国教育资料》1980年第3期。

用。按照人力预测法，教育规划者应该首先预测在一个要达到某种目标或成果的经济中各经济部门需要多少掌握职业或专业知识和技能的各级各类的人员，然后确定如何发展各级各类教育以培养适合需要的各种人员，从而使教育系统培养出的人才数量正好适应经济发展。如，现在生产价值一百万美元的电动机需要 50 个大学毕业的工程师。若一个国家想要达到较高的国民收入水平，如增加到生产价值 150 万美元的电动机，按人力需求法的观点，就需再培养 25 个具有大学毕业水平的工程师。多尔给出另一个例子。如 1963 年，阿富汗有 20 名本国工程师，25 名外国工程师，尚缺 20 名工程师。如果工业的增长率为每年 12%，现有的 65 个工程师职位要在 12 年内增长到 253 个。为了取代所有外国工程师，要在 1975 年形成 253 名阿富汗工程师的队伍，还要考虑 20% 的人才外流，需要建立一个体系，从 1967 年起有学生毕业，以后每年培养 36 名（多尔，1976）。正是由于其思路简单明了，因此人力需求法成了影响最大、应用最广的教育规划方法。

（三）人力需求法的优缺点

目前人力需求法仍非常流行，在实际规划工作中被广泛采用。究其原因可归咎于此方法“为了生产更多的产品，必须具有更多受过大学教育的工程师”这一直截了当的口号（萨卡罗普洛斯，1980）。它在为某个确定的而且入门资格限制较严的行业制定相关的短期教育规划时颇有用处，比如，如何根据社会上医生、教师、律师行业的人才需求或地方企业行会所提出的劳动力需求，调整相关专业的教育规划或技术技能培训的就学名额。

与其应用广泛形成鲜明对比的是，人力需求法自一开始就受到了强烈的批评。有的外国学者讥称此法为“现代占卜术”。批评者认为此法是建立在教育规划者不切实际的假设上，因为无人能准确地预测一个国家长期的经济发展变化以及特殊的人才需求（尤其在市场经济条件下），所以依据人力预测法制定的教育规划不过是教育规划者一厢情愿的梦想而已。有学者认为，人力需求法本质上是一种技术型或专家型的规划方法，而不是一种经济的方法（欣奇利夫，Hinchliffe，

1985）。也有些批评者认为，即使是在计划经济条件下，即使能获得主要经济部门可靠的资料，也不可能得到充分的、足够的、精确的人力需求预测，从而可以制定出与经济各部门发展吻合的教育规划，而且实践表明大多数这类的预测都是无效的。还有人注意到，因为有了这些问题，许多国家依照人力预测法制定了教育规划，却难以贯彻执行，因为国家决策者往往是依据国民的政治要求而非规划者不可靠的计算结果来提出教育发展的方针政策。有学者认为，一般说来，人力预测法适合用于微观、短期的教育规划，而不适用于宏观、长期的教育规划；但是由于人力资源形成过程的时滞，又要求是长期规划。其中，比较著名的学者包括以下几位：霍利斯特（Hollister，1967）对此方法做了最初的全面评价；布劳格（1967）也评价了几种主要的教育规划方法，包括人力需求法；此外还有阿哈默德（Ahamad）和布劳格（1973）、萨卡罗普洛斯（1975、1980、1985）、优迪（Youdi）和欣奇利夫（1985）及克里斯（Klees，1986）等。笔者认为人力需求法是一种需求决定供给的理论。总结各种批评意见，主要涉及以下方面。

第一，是教育的作用问题。批评指出，人力需求法系统地夸大了教育对经济发展困难做出的贡献，同时忽视了教育的非职业目标。根据人力需求法的基本假定，受过教育的人力与经济总产出有着必然的联系，教育可以提高劳动者的生产率进而提高经济产出率。人力资本理论以及不少关于跨国的国民生产总值与教育的相关分析和关于一国的教育水平、职业和收入的相关分析似乎都支持这种乐观的教育作用观。然而，20世纪60年代末70年代初以来，教育促进经济增长的作用逐渐受到了人们的怀疑。教育与经济发展之间并不存在确定性的线性关系。当然，教育确实能够有助于一国社会和经济发展目标的实现，这也是人力需求法倡导者的根本信念。要规划教育，就必须首先明确教育所要服务的目标。教育既为社会目的服务又为个人目的服务，教育既服务于社会的经济目的又服务于社会的非经济目的；对个人来说，教育既具有职业意义又具有文化意义。很显然，人力需求法更注重经济目的和职业意义。库姆斯指出，新的“人力”兴趣和关于教育在自由社会中的作用的传统观念直接潜在地存在着严重的哲学冲突。在人力短缺的情况下，教育事业被视为“脑力工厂”，它的社会功能是培养能增强国民经济力量和军事力量的人力。而按旧的观点，教育理所当然地被认为是间接地为国家的经济和总财富服务，但是一个自由社会中，教育的中心目的是保证个人充分实现人的潜力（帕纳斯，1977）。对此帕纳斯（1962）认为，“经济增长并不是社会的唯一目标。……没有人会认为教育的唯一功能是促进经济增长”。[①]在他看来，个人发展并不排除职业的考虑，但同时又不限于职业的考虑。任何教育规划都必须注意非职业的文化考虑。为此，他提出估算教育需求的双重方法：人力需求法和文化的方法。文化的方法是“根据不能精确限定的标准，决定一个国家必须提供多数教育”（其实我觉得这就类似于社会需求法，满足个人的需要）。虽然帕纳斯坚持认为，人力需求法对于确定以职业结构为基础的教育结构及教育预期投资是非常有用的，但是，他也承认，这一方法单独并不能回答“需要多少教育”的问题。

第二，非常重要的一个问题是人力需求对教育系统的实施究竟有没有影响。如果各级各类教育的学生参与完全是一个自治过程，基本上没有规划或控制，那么人力需求就不会有显著影响。然而，霍利斯特指出对人力需求法的这一批评又很难检验，没人知道如果没有人力需求的预估，各级各类教育的招生情况会怎样。不过霍利斯特给出了一个评价人力需求预测影响的方法。他认为教育需求会由于三个原因而发生变化：首先，教育需求会随着劳动者年龄的变化而变化；其次，可以根据劳动力需求职业结构的变化而转变教育结构；最后，教育需求也会由于某一职业对受教育水平需求的变化而变化。如果说劳动力的成长是改变教育需求的最强有力、最重要的因素，那么人力规划分析就没用了；这样，教育需求是由供给决定的，而不是需求决定供给。相反，第二种观点很好地符合了人力规划的基本观点。因此，

---

① Herbert S. Parnes, *Planning Education for Economics and Social Development*, Paris: Organisation for Economic Cooperation and Development, 1962, p. 74.

劳动力市场的需求方决定了就业所需的教育需求结构。然而，霍利斯特在经验分析的基础上得出结论：第三个因素似乎是最重要的。对第三个因素的解释又可以从两个方面入手。第一方面是把它作为“社会需求的证据”。这就意味着做人力规划是没用的，因为劳动力市场的供给决定了需求。然而，第二个方面就可以与人力需求法相符合，即，劳动力市场的需求方——职业需求决定了教育需求。因此，我们并不清楚为教育规划所作的人力预测究竟是否有用。

第三，就是人力需求法的关键环节——第五步所描述的职业与教育的“一一对应”关系及职业需求对教育需求的转换问题。但是，人力需求法估计所要求的理想职业分类程度，仍是一个悬而未决的问题。诚然，在一个复杂的经济中，有几千上万种不同的职业或工种，因此，职业分类对于人力需求预测是必要的。许多职业，如教师职业，必须进行分类预测。但是，研究表明，职业结构是不断变化的，“我们所能够确信的是，职业分类一旦做出，几乎马上就过时了”（霍夫，Hough，1987）。研究也表明，职业分类越细，人力需求估计的误差就越大。例如，法国第六计划（1971—1975）预测的1975年就业人数，比1975年实际就业人数仅仅高出2.3%，可以说是无重大差异。但是如果按照部门预测来看，除了皮革业实际就业人数与预测就业人数一致外，其余34个部门预测中，有18个部门被低估了，有16个部门被高估了，如表2－1所示①。此外，职业与教育之间的“一对一”关系的暗含假设也是值得商榷的（布劳格，1967）。

**表2－1　　法国第六计划预测人力数与实际人力数的比较（千人）**

| 部门 | 1975年实际人力 | 1975年预测人力 | 差异百分比（%） |
|---|---|---|---|
| 农业 | 1997.9 | 2262.7 | +13.25 |
| 农业与食品工业 | 653.5 | 629.2 | -3.72 |

① 郑继伟：《高等教育规划论》，杭州大学出版社1991年版，第131页。

续表

| 部门 | 1975 年实际人力 | 1975 年预测人力 | 差异百分比（%） |
|---|---|---|---|
| 固体矿物燃料 | 86.5 | 74.6 | -13.76 |
| 气体、电力和水利 | 171.1 | 176.1 | +2.92 |
| 石油、天然气、汽车燃料 | 69.8 | 84.3 | +20.77 |
| 建筑材料 | 217.7 | 207.1 | -4.87 |
| 玻璃 | 79.0 | 77.7 | -1.65 |
| 铁矿、炼铁 | 22.32 | 197.9 | -11.34 |
| 矿物与非铁金属 | 31.3 | 35.9 | +14.7 |
| 金属粗加工 | 461.1 | 483.8 | +4.92 |
| 机械工程 | 824.3 | 804.9 | -2.35 |
| 电力工程 | 530.3 | 483.2 | -8.88 |
| 汽车制造 | 474.4 | 463.6 | -2.28 |
| 造船、飞机制造、武器 | 208.1 | 222.7 | -7.02 |
| 化工制品 | 482.8 | 520.0 | -7.71 |
| 纺织品 | 383.1 | 365.1 | -4.7 |
| 服装 | 326.9 | 322.7 | -1.28 |
| 皮革 | 145.3 | 145.3 | 0 |
| 木材 | 287.4 | 259.3 | -11.66 |
| 纸张、卡纸 | 147.5 | 138.8 | -5.9 |
| 印刷、发行 | 257.0 | 292.9 | +13.97 |
| 混杂工业 | 250.3 | 267.7 | +6.95 |
| 建筑、公共事业 | 1896.7 | 2002.9 | +5.6 |
| 运输 | 837.1 | 733.9 | -12.33 |
| 电信 | 402.0 | 415.0 | +3.23 |

至于职业需求转化为教育需求的方法，帕纳斯（1962）在其《职业与教育资格的关系》一文中提出了两个方法，而埃考斯教授用相关的一些数据分析了美国劳动力和各个具体职业所需的普通教育需求和职业培训。尽管如此，但我们知道，其实一方面，更发达国家目前的就业结构以及就业者的教育水平状况并不一定就是一个理想的状态；另一方面，通过雇主访谈来确定职业的教育需求似乎太过主观，多数雇主更多的是从其公司利益和个人经验、理解出发来确定职业所需的教育水平。此外，即使我们可以精确地描述某一职业所应要求的一些能力和技术，但是这些能力和技术究竟应该如何对应到相应的教

育层级。如对秘书的职业要求，就业保障局（Burean of Employ ment security）的研究指出一个秘书应具备以下要求：在推理能力方面，要有普通意义的理解力并用写、口头或图形方式完成任务，能处理涉及结构具体变量的问题；在数学能力方面，包括整数、小数、百分比的计算等；在语言能力方面，要有通俗的理解力和表达力。但问题是，这些能力究竟意味着多少教育？更麻烦的是，这些能力的形成过程当中，究竟正规教育、在职培训、工作经验等各自的作用有多大？此外，最近有关“替代弹性”的大量研究已表明：不同的技术结合同样能使经济健康增长；不同教育水平、专业的人之间，甚至人与机器之间都可以替代。如上述例子中，增加十个大学毕业生的工程师和二十个中技水平的技术员同样可以达到电动机增产的目的。表 2－2 总结了国外学者对替代弹性的最重要的实证研究成果。

**表 2－2　　受教育较多与较少工人之间的替代弹性估计值①**

| 研究者 | 样本 | 替代弹性 |
|---|---|---|
| 鲍尔斯（Bowles，1969） | 若干国家 | 202 |
| 约翰逊（Johnson，1970） | 美国若干州 | 1.3 |
| 韦利（Welch，1970）（农业部门） | 美国若干州 | 1.4 |
| 多尔蒂（Dougherty，1972） | 美国若干州 | 8.2 |
| 萨卡罗普洛斯和辛可利夫（Psacharopoulos and Hinchliffe，1972） | 发达国家<br>欠发达国家 | 1000<br>2.1—2.5 |
| 蒂博根（Tinbergen，1974） | 若干国家<br>若干州 | 0.6—1.2<br>1.4—2.1 |
| 弗里曼（Freeman，1975a） | 若干年间，美国 | 1.0—2.6 |
| 弗伦和莱亚德（Fallon and Layard，1975） | 若干国家 | 0.6—3.5 |
| 格兰特（Grant，1979） | 若干标准大城市区域 | 1.2 |

资料来源：［美］卡诺依（Martin Carnoy）：《教育经济学国际百科全书》，闵维方等译，高等教育出版社 2000 年版，第 80 页。

① 受教育年限较多和较少的定义依样本不同而不同。绝大多数研究者将大学生与其他样本组相比较，而弗伦和莱亚德却比较受教育 8 年以上和 8 年以下的人群。

最初的人力需求法并没有很好地处理劳动力市场中的替代行为（萨卡罗普洛斯，1991）。不过，弗里曼（Freeman，1970、1980）以及博格汉斯和海克（Borghans & Heijke，1993）则显示了在人力需求模型中如何实现这些替代行为。而且所有上述研究告诉我们，受教育年限较多与较少工人之间的替代弹性值范围在 1.0—2.0 之间。这一数字没有否认基于固定系数模型的教育规划的潜在经济价值。

但是，总的来说，笔者认为替代行为本身的研究仍是一个较难圆满解决的问题。此外，萨卡罗普洛斯（1975）认为规定某一种职业的最低受教育水平这种做法非常主观，且没什么意义。理由在于，超过所规定的最低受教育水平的人总是能更有效地完成某一项工作。而且，用教育年限来完全替代教育成就也不完全科学。因此，作为人力规划向教育规划转变的最关键步骤，职业需求向教育资格需求的转变这一问题至少目前并没有得到较好的解决。

第四，人力需求法丝毫不考虑培养额外技术力量的成本问题。人力需求被假定是绝对的、刚性的，其结果是任何设计出来的人力供求缺口都被认为应该通过教育扩张，一般是中、高等教育的扩张来填补，而中、高等教育的投资耗费往往是比较大的（王善迈，1996）。但是，在发展中国家，由于经济发展水平的限制，所以教育扩张所需的教育经费供给存在很多问题。如上述例子中所追加的 25 个工程师，在人力需求法看来，似乎不管什么代价都要培养，否则想要追加的产品指标就完不成。但是也许我们选择另外比较经济的技术人员结构的培训方法，同样能生产相同数额的产品。那么在大多数情况下，原本为了最大化利用教育资源而采用的人力需求法，反而使效率受到了损失。换句话说，用此方法可能事与愿违。因此，或许我们可以提出一些不同的人才培养方案，并通过比较不同方案所需的教育成本来为教育决策者提供决策所需的信息和服务。

此外，目前的劳动力市场并不总是未来劳动力需求的一个指导。因此，虽然人力需求法在实践中备受教育规划者的青睐，但其本身的一些技术和方法问题仍未得到较好解决。

因此，总体来说，虽然人力需求法在实践中备受教育规划者的青睐，但其本身的一些技术和方法问题仍未得到较好解决，目前还有许多的缺陷。然而，尽管如此，我们仍要承认人力需求法在教育规划中的作用是毋庸置疑的，而且似乎在某种程度上是其他方法无法替代的。或者换句话说，虽然到目前为止，人力需求法中仍有一些问题和技术无法很好解决，但如果要达到教育经费的合理使用，人力预测则是必需的。因此，笔者认为，我们要做的不是怀着怀疑的态度批评人力需求法，而是应该努力想方设法完善人力需求法。在此基础上，正如20世纪80年代后期国外教育学者赞成谨慎地、明智地并和其他方法结合在一起使用人力预测法一样，我们可以将人力需求法与其他一些规划方法，如后文即将提到的社会需求法、成本收益分析法相结合（布劳格，1967），从而更合理、科学地规划未来教育的发展。

## 二 社会需求法

### （一）概念和主要内容

应特别指出的是，对于社会需求法中的社会需求这一概念，似乎有不同的解读。有学者认为它指的是政府的需求；有学者认为是民众的需求。我们这里的“社会需求”其实指的是消费者个人的需求，是狭义的、不考虑经济的人力需求。因此，这是以个人的教育需求为基础而不是经济对受过教育的人力需求为基础的教育规划方法。社会需求在这里是一个集合概念，它把个人的决定总和起来。趋势表明，随着经济的发展、人们思想的提高，社会需求将越来越成为教育规划必须考虑的重要变量。这种规划方法对安排资本开支和技术训练是有用的，也可以使各产业部门了解潜在的人力蓄水池的状况。

社会需求法的任务是预测未来可能需要的学额数，并设法提供这些学额以满足“社会需求（个人需求之和）”；因此，规划的基础是入学人数预测，核心是建立一个描述教育系统的模型，用学生从一级教育向另一级教育的流动来代表教育系统的活动，即“学生流”模型。这种规划，当对象为普及性的基础教育时，往往简化为以分龄人口预测模型为核心，而对象为中、高等教育时，关键要确定的因素之一是“升级比例”。因此有学者认为，从某种意义上来说，社会需求法是根据升级比例来预测未来学额需求的方法。

总的来说，采用社会需求方法必须具备下列前提：

(1) 了解全国人口增长和各年龄段人口构成状况以及各级学校适龄青少年的人数，他们都是潜在的教育需求者；

(2) 调查社会经济因素，如家长收入、职业、种族、教育程度及其他因素对学生入学的影响；

(3) 分析政府采取的入学政策、经济政策、就业政策、工作政策以及在学费、贷款、公立学校设置地点和类别等方面所采取的行动对入学率的影响，等等。

第一项所显示的是对教育的最大潜在需求，第二、第三项是对这种需求的制约因素，将这两方面加以综合分析和概括，就可以得出人们对教育的社会需求。

社会需求法的最典型应用当属英国罗宾斯（Robbins）报告。罗宾斯报告是英国最著名、最有深度的有关国家高等教育系统的研究。20 世纪 60 年代初期，英国大胆摒弃了人力需求的观点而在社会需求的基础上提供教育。罗宾斯报告指出，社会需求预测取决于：(1) 中等教育提供的水平，尤其是五、六年级；(2) 高等教育允许入学的特定标准；(3) 中等和高等教育的直接成本水平，尤其是学生补助的水平；(4) 受过教育者所得的收入水平，这不仅是由于这些收入代表了额外教育水平的就业机会和收益，还由于这些收入构成了继续上学所放弃的间接成本。目前，入学趋势的外推是此方法的重点。当然对社会经济等因素的知识知道得越多，预测就会越精确。原则上，它能测量出教育需求的价格弹性，即其他因素不变时某些因素变化的效果。

(二) 社会需求法述评

随着社会需求法的出现，批评也接踵而至。

第一，从某种意义上来说，有学者认为社会需求模型不是一个真正的教育规划模型。其原因在于预测社会的教育需求只是为了给未来学生提供足够校舍才被动地预测未来学生数，它意味着适应而不是积极地改变。布劳格（1967）认为，社会需求法具有最低限度的预见能力，它不是告诉规划者应该去做什么，而是告诉规划者，如果他完全按过去的做法去做，将会发生什么。上文提到，萨卡罗普洛斯指出规划的概念应该包括两个方面，一个是实证的要素，即建立可供选择的有效范围；一个是规范的要素，即确定选择的标准，也叫作目标函数（萨卡罗普洛斯，1975）。由于社会需求法仅仅预言未来的学生数，规划者试图扩大学校系统以便容纳所有想在某一教育层次学习并有资格接受那一层次教育的所有人，所以，社会需求法存在目标要素或标准，但不存在选择范围。

第二，表面看来，确定教育的社会需求（未来学额）很简单，但实际上要真正弄清教育需求绝不是一个简单的事情。影响教育社会需求的因素是很多的，包括外部条件（人口、职业前景、经济状况、学生资助、学费等）和自身条件（智力、学业成绩、兴趣、家庭背景等），且经常变化，因而未来若干年内，以往的影响因素是否将持续影响、影响程度多大等都是无法确定的。因此，目前的教育社会需求并不能完全代表未来的教育社会需求。

第三，社会需求法的一个致命弱点在于无视教育社会需求与教育政策的相互影响，规划者试图通过计算未来的学额需求来确定未来的教育需要，并据此制订政府未来的教育政策。但是他们忘了，教育需求不是独立于而是依赖于政府的教育政策的，并在很大程度上其本身就是教育政策的一个结果。例如，社会需求本身不能确定最低离校年龄应是几岁，而政府延长义务教育年限的决定会创造出大量的社会需求。就义务后教育而言，教育需求与教育成本和收益是紧密相关的。而构成教育成本中的学费、奖助学金等往往是政府的政策内容。

第四，这种方法难以预测社会到底能为有能力并愿意上学的人提供多少入学机会。设想所有适龄青少年全部进入中等和高等学校既不可能，也无必要，因为所有学生都进入各级学校，其边际收益必然低于边际社会成本。

第五，社会需求方法忽视了社会提高空缺岗位能力的限制。这是因为，在一个混合经济体制中，劳动力市场是高度刚性的，高水平人力的过度生产将造成中学人力的长期失业，至少是就业不足，从而造成人力资源的巨大浪费。这种现象在许多发达国家甚至发展中国家都屡见不鲜，如印度。

此外，教育的供给不完全依赖于教育的需求（贝尔特朗，1992），它还要受到其他很多因素的制约，如政治、财政能力、领导人重视程度等。

总之，社会需求法既忽略了有限资源的分配问题，也忽略了经济社会发展所需的人力及其就业机会问题。这种方法一般会高估人们的教育需求，低估教育成本，从而导致生均教育成本的下降，进而影响教育的质量和效益。其实，社会需求法在各国现实的教育规划中应用并不广泛。然而社会需求在教育规划中仍有一席之地，部分是由于这种方法对我们知道决定教育社会需求的各种因素是非常重要的。

## 三　成本收益分析法

### （一）成本收益分析法概述

由于认识到人力需求法的缺陷，并且也没真正成功的例子，教育规划者又回到以前由舒尔茨、贝克尔和其他人所建议的概念上去，即成本收益分析或“教育投资收益率”分析。这种方法是从教育的目的是提高效率的前提下引申出来的。教育收益率方法试图把提供某种教育或培训的所有可计量的成本形式以及由这种投入所带来的所有收益全都计算进去。因此，至少从理论上收益率方法有可能评价初、中、高等教育水平的额外学习所获得的结果，从而决定未来教育发展的重点和规模，即如果折现后的收益高于成本或收益率高于标准率，这就被规划者解释为扩大的信号；反之则被理解为不能扩大的信号。这种方法与一般的经济学投资方法是相一致的。

教育成本收益分析，如上述所言，就其思想渊源而言，来自于20世纪60年代人力资本理论的倡导者。舒尔茨认为，每个工人收入增长的主要部分可以归因为人的投资（其中包括教育和培训成本），正是这种投资极大地提高了他们的生产能力；实现更大的收入均等的最佳途径是提高更多的可用的免费或低费的教育，由国家提高的教育要采取措施减少高等教育的机会成本。舒尔茨利用贝克尔和他自己的研究，指出大学教育层次的教育收益率大大高于物质资本的收益率，从而揭示了大学教育和培训的投资不足问题。贝克尔也明确主张用收益率标准作为社会对教育和培训投资的基本理论，作为在各种类型的教育之间分配资源的指导思想。

教育的收益常常按其影响范围分为“私人”收益和社会收益。私人收益是那些由受教育者个人所得的收益，也叫内部收益率；社会收益则还包括本人不能占有的，为社会其他成员所得的收益。与此相对应，教育成本也可以分为私人成本和社会成本，从而可以分别计算出教育的个人收益率（内部收益率）和社会收益率。必须指出，教育成本在这里首先包括实际费用，其次包括由于学生在校学习而放弃的收入（机会成本）。

成本收益分析是以几个至关重要的假定为前提的：

（1）工资或收入是与边际劳动率相等的。

（2）教育和工资（或收入）是以教育提高劳动生产率的能力为中介进行相互联系的。

（3）教育的收益可以从不同教育水平的群体之间的收入差异估算出来。

（4）作为一定职业的就业资格，教育层次或水平之间存在高度的可替代性。

规范的教育收益率计算需要两种基本资料：按教育水平的年龄—收入图和每一种教育资格的单位成本。由于一般情况下难以获得纵向的收入资料，所以常用横截面资料来构造年龄—收入图，从而预测额外教育的终身收入。

由于教育的收益是预期的，因此，学生及其家长在估算教育收益时必须对某级教育的未来年份的收入进行贴现，然后把这种贴现值与该级教育成本进行比较。某级教育 n 年的全部预期收入的贴现值可用下列公式表示：

$$V = \sum_{t=1}^{n} \frac{Et}{(1+r)^{t}}$$

式中，V 为 n 年全部收入的贴现值，Et 为 t 年的教育收入（税后）；r

为利率，即教育的机会成本。

同理，某级教育贴现后 n 年的全部成本为：

$$G = \sum_{t=1}^{n} \frac{Cet + Cit}{(1+r)^t} = \sum_{t=1}^{n} \frac{Ct}{(1+r)^t}$$

式中，G 为 n 年全部成本贴现值，Cet 为 t 年的直接成本，Cit 为 t 年的间接成本。

根据以上两个公式，我们可以得到教育收益现值，即为贴现后的教育收益值减去贴现后的教育成本值，如下式所示：

$$Epdr = \sum_{t=1}^{n} \frac{Et}{(1+r)^t} - \sum_{t=1}^{n} \frac{Ct}{(1+r)^t}$$

一个家庭是否对子女进行教育投资和投资多少，从纯粹经济意义上考虑，取决于贴现收入和贴现成本的关系。如果贴现收入大于贴现成本，投资就是有利的。如果贴现成本大于贴现收入，投资就不值得进行。比较教育投资决策是否最优的一个常用方法，是计算教育收益率，即贴现成本之和与贴现收入之和相等时的贴现率。它可由下列方程求得：

$$\sum_{t=1}^{n} \frac{Et}{(1+i)^t} = \sum_{t=1}^{n} \frac{Ct}{(1+i)^t}$$

$$\sum_{t=15}^{t=60} \frac{E_t - C_t}{(1+i)^t} = 0$$

其中，i 为内部收益率，t = 15 为法定离校年龄，t = 60 为退休年龄。

上述计算个人（内部）教育收益率的方法，也适用于计算教育的社会收益率，只是成本包括了个人成本，收入取的是税前收入。

自从舒尔茨和贝克尔先驱性的工作之后，出现了大量计算教育收益率的文献。成本收益方法曾被用来评价许多国家的教育发展情况，并得出一些有助于教育决策的结论，萨卡罗普洛斯概括了 5 条经验结果并提供了用作例证的收益率估算。

（1）个人教育收益率高于社会教育收益率，这是由于国家资助教育所致。

（2）在所有层级教育中，初等教育收益率最广，这部分是由于低成本所致。

（3）发展中国家的教育收益率高于发达国家。

（4）尽管时间序列证据表明，收益率中度下降，但教育扩张并不是与收益率下降相联系的。

（5）普通课程（如文科课程）的投资收益率至少等同于，实际上经常高于职业性课程（如工程课程）。

在用成本收益分析方法进行的教育资源分配的规划中，非常著名的模型包括鲍尔斯（Bowles）模型①。此模型是用来回答教育规划者所面临的另一个关键问题，即如何在教育部门内部分配教育资源。当然，这一模型也能用来决定教育与其他经济部门间的资源分配、国外教师的引入以及各种教育技术间的选择问题。但最主要的还是强调确定规划期内不同类型学校的最理想招生规模。在建模中，假定不同类型学校（h）的招生规模（S）是最优化的两个主要变量。

一些方程组代表了只有一年的此模型的基本结构，因此缺省了时间下标。必要的约束条件是非负，即 $S_1 \leqslant 0$ 及 $S_2 \leqslant 0$。包括时间的模型结构将在后文处理。

目标：

$$\text{输入约束}\begin{cases} Z = v_1 S_1 + v_2 S_2 + \cdots \\ e_{11} S_1 + e_{12} S_2 + \cdots \leqslant G_1 \\ e_{21} S_1 + e_{22} S_2 + \cdots \leqslant G_2 \\ \cdots\cdots\cdots\cdots\cdots\cdots \end{cases}$$

$$\text{活动限制}\begin{cases} S_1^U \leqslant S_1 \leqslant S_1^L \quad S_2^U \leqslant S_2 \leqslant S_2^L \\ \cdots\cdots\cdots\cdots\cdots\cdots \end{cases}$$

目标函数是一个不同学校的入学人数（S）及其相应不同教育水平的权重（v）的线性之和。系数 v 代表了第 h 类学校每一学生的净收益。收益的计算是根据毕业生的终身贴现收入减去直接和间接成本而得到的。如，目标函数中代表第二类学校的 $v_2$ 可以表述成如下

① G. Psacharopoulos, *Bowles Model*. in: Husen, Torsten, Postlethwaite, T. Neville. *The International Encyclopedia of Education: Research and Studies*, Oxford, England: Pergamon Press, 1985, pp. 508 - 510.

形式：

$$v_2 = \sum_{i=1}^{n_2} (w_2 - w_1 - C_2)_i \cdot (1 + i)^{-t}$$

其中，$w_2$ 代表第二类学校毕业生的收入，$w_1$ 代表低一级教育水平的毕业生收入，$C_2$代表就读 2 类学校每年之间的成本，i 代表社会贴现率，$n_2$代表第二类学校毕业生的预期工作年限。

换句话说，目标函数中的系数指的是某些特殊学校毕业生（当然要进行合适的调整，因为有的学生可能没有毕业或者没有进入劳动力市场；但在这里为了简便我们忽略这些调整）的终身递增收入的净现值。因此，在这个模型中，不同教育水平间选择的标准就是学校对社会产值的最大贡献值，即反映在毕业生的收入上。

此模型中的限制条件指的是学校输入（$G_i$）的有效性。这些输入既可以是外生的，如教学、班级和学龄儿童的数量的总预算；也可以是内生的，如进修学生和教师。因此，虽然外部因素供给在一定水平是固定的，但随着 t 年学校教师的产出缓解了 t + 1 年教师的限制状况，内部投入供给是有弹性的。

系数 $e_{ih}$将每级教育水平的有效输入与入学水平联系到一起。这些系数对于那些投入—产出模型有类似的含义。它们代表将要生产的一个单位 $s_h$ 所需要的最小化投入 $G_i$，比如代表师生比和班生比。

入学水平的上下限用来表示一些最重要的政策，以及万一此模型得出一个结论，比如说学校 X 应该被关闭，所有的教育资源都应该投向于学校 Y 和 Z 时避免政治上的难题。更实际地，为了避免不合理的解决方法，入学水平的上下限实际上用来线性规划的每一应用。

上述这组方程只代表了一年。然而，此模型的动态模型是每个计划年所存在的类似方程和所有这些方程以顺序组合在一起。

用矩阵的形式，模型可以表达为：

Max. v. S

约束条件：E. S≤G

这一动态形式，一系列类似的向量和矩阵表示出规划期内每年的情况。每年的学生流出数量减少了下一年的限制（如教师或中间学生流入）。由于模型不允许使用最近一年的学生数，所以为了节约资源，模型也许开始减少不同教育层次的入学人数。

为了修正这一缺陷，应该强加进一组额外的限制，这也就是我们所知道的“期末限制”（terminal conditions）。这些限制通过允许进入秋季下一可入学的层次而不考虑计算结果。

在实际中满足这一模型所需的必要因素是：第一，基年现有教育存量的信息（G）；第二，教育产出技术的信息（E）以及规划期参与率及其变化；最后，各教育层次的年龄—收入剖面图和教学单位成本，从而以估算目标函数的系数（v）。

模型的解所给的第一类信息是规划期间每一教育类型的最大化入学人数。但是如果进一步发掘，模型还有其他的一些特征可以给教育政策制定者提供额外的信息。如我们可以利用这一结果来在不同的可以替换的教育技术间进行选择。在这一模型中，技术是被定义为一种投入系数的直线（vertical）结构。如，技术 E1，也许涉及传统的教学方法。在这里，系数 $e_{hj}$ 的值（如师生比）也许比用另一种资本密集型、使用视频设备甚至卫星来传播教育电视或广播的技术 E2 的系数要高。假设这两种技术都是可行的，那么可以用 E1，然后 E2 成功地解决模型，并观测每次选择不同的技术导致的目标值。在这两者之间做出选择的一个标准也许是目标的总值。另一个标准可以是不同技术所增加的某些稀缺资源。

此模型的另一个用途在于其双重结果的解释。上文所列的问题双重结果给出了所有教育投入的影子价格，像班级、教师甚至是中间（进修）学生的机会成本以及教育经费的边际产出。影子价格和市场价格的比较对于教育规划而言意义明显。如如果国外引进的教师的影子价格高于其真实工资，那么国家也许希望继续雇用外籍教师队伍。

此模型的另一个用途在于决定应该用于教育的资源的最大值。在基本模型中，其中一个 G 约束指的是花在教育上外生的有效的总预算。如果教育经费的影子价格高于其社会机会成本，那么就值得将有效的教育资源数增加至教育系统作为一个整体的社会收益率等于社会折现率时的那个点。换句话说，我们可以将模型所需的额外经费（以产生一系列最大化入学）和从中获得的额外收益（随着目标函数值的变化而变化）联系起来。这一关系可以总结为一个单一统计值，如可以与外生的折现率相比较的教育经费的社会收益率。

实际上我们可以人为地进行一个试验，即改变模型右边所显示的教育经费约束并观察此时这一经费的社会收益率（这就是我们所知道的“参数线性规划”，如一个基本参数的变化并观察其对最大值或影子价格产生的影响）。这样的话就可以得出一个总体边际生产率的一览表。通过加入一个外生的社会折现率，就可以决定教育经费的最大化水平。

因此，鲍尔斯模型其实是一个收益率模型。它是在综合的标题下，依靠使用人力方法的一些特点而出现，但重点强调收益率方面。此模型的人力需求方面只以教育技术的具体说明（specification）而出现。根据固定产出系数方程要求教师及其他方面数据的输入。

然而，此模型的真正最佳解依赖于不同教育层次的相对收益率。目标函数的一个简单转换将使这一点更加清晰。为简便起见，假设不同教育层次的毕业生的平均工资（w）在其生命周期内保持不变，以及其工作年限是无限的，以及假设只能获得某一时间点的教育成本（C），那么此模型的目标函数就可以改写为：

$$Z = \left[\frac{w_1 - w_0}{i} - C_1\right]S_1 + \left[\frac{w_2 - w_1}{i} - C_2\right]S_2 + \cdots$$

所有的符号已经解释过了。中括号中的项代表的是相应教育层次的某一毕业生的现值，或之前所说的系数 v。不管有多少毕业生，每一学生对国民收入的贡献是不变的。这是一个收益率一般水平的假设：即替换的程度（实际上是无限的），相应的入学人数（当然是毕业生的混合）并不影响相应的工资。

（二）成本收益分析法评价

成本收益分析可以用来决定在物质资本和人力资本之间的投资；可以用来决定在各种正规教育和非正规的培训之间的投资；也可以决定经费在各级各类学校之间的分配，如英国的教育预算。但成本收益分析法也存在很多缺点。

第一，成本收益分析法假定存在完全竞争的劳动力市场。如果存在完全竞争的劳动力市场，教育与收入直接的任何关系必定反映教育的生产率效应。这是因为雇主如果付给受过教育的雇员以高出边际产品值的工资，那么，他就不能在产品市场中保持竞争地位，反之，他就不能留住这些雇员。但是在绝大多数国家里，这个假设都不成立，工资（收入）并不完全由市场决定，而是由行政控制的。市场工资实际上是由习俗、社会传统、裙带关系以及不追求利润最大化的雇主（如公共部门）等因素共同决定的。所以，劳动力市场的不完全竞争使收益率的计算并不能真实地反映工资与边际生产率的真正关系，不能反映教育的真正收益。对此，成本收益分析的倡导者认为，可以采用两种方式使教育收益率分析免受失真，一是采用计量经济学的隐性定价计算法，即确定各个部门的劳动力投入的生产函数，发现不同类型劳动力的边际生产；二是简单地观察非组织的经济竞争部门的各种教育水平的工资从而计算隐性价格。

第二，否定边际生产率假说的另一些意见是“能力论据”和“筛选理论”。根据“能力论据”，大学毕业生比这些毕业生能力更强，即使他们不上大学也能获得较高的收入。通常，为了正确地估计教育的收益，将40%的收益归因为能力因素，将余下的60%归因为教育效应。但有证据表明，能力效应并不像想象的那么大，当同时考虑能力和教育两个因素时，教育与收入的关系或多或少是稳定的（萨卡罗普洛斯，1975）。根据“筛选理论”，雇主从过去的经验中懂得，不同层次的教育中获得的态度和教育成就有一定的关系，因此，教育资格是招聘雇员的筛选装置；当雇主对雇员的自然能力倾向一无所知时，理所当然地付给受过更多教育的人以更高的工资（布劳格，1967）。

第三，教育对收入的影响以及教育作为收入均等的分配机制，受到了众多怀疑。教育收益中的收入并不一定都是由教育引起的，可能还包括个人禀赋、家庭背景、社会阶层等原因。鲍尔斯发现，决定收入的不是受教育年限而是社会阶层，教育的主要作用是一代人向下一代人传递地位；詹克斯发现，社会阶层、学校教育、能力和职业等似乎都不能说明个人间的收入差异。詹克斯（Jencks）还认为，收入再分配可以通过税收、资助等直接途径来实现，而不是通过教育这种间接途径来实现。

第四，成本收益分析无法正确计算投资一定教育水平的真正教育成本和收益。由于数据可得性、不可量化性等原因，成本收益分析中对成本，尤其是机会成本的精确计量非常困难，对收益的计算也只能计算一些可量化的货币性收益，而非货币的消费收益无法计量。此外，样本、时间、模型的改变都会改变教育收益率的结果。此外，虽然成本收益分析可以在教育系统内部决定资源的分配，但是这一方法不能告诉我们社会资源在教育领域及其他公共或私人产品或服务领域间的投资效率问题。所以，普适性不强。

当然最近几年成本收益模型得到了一些改进。这种改进主要表现在部分纠正了大学毕业生的才能、社会经济背景甚至遗传基因差异等方面在收益计算上的偏差。目前大多把这些问题放在"收入函数"的范围内加以分析。这些模型所需的数据来自于大量的个体样本观察，难以解决"总体性影响"的问题；而且分析这些数据既费力又费时间。况且，大多数国家最近几年才具有这样一些数据。因此，这些模型对实际教育规划者而言并不适用。

因此，虽然根据成本收益分析所得的一些结论可以在教育规划制订的过程中应用，但收益率方法能否作为一个决定扩展或限制国家教育投入的标准或指标仍值得怀疑。

## 四　国际比较法

在刚开始做教育规划时，往往都是建立在国际比较法的基础上的。究其原因主要在于大多数国家当时还缺少统计用的各种时间序列数据（甚至是横截面数据）。教育规划的国际比较法是根据预测原理的类推原则，采用他国教育发展的规律作为规划国的预测规律，从而预测规划国的教育规划指标。根据所使用的数据资料情况，相关的国际比较法可以分为以下两个方面。

（一）横截面分析

所谓横截面分析，就是在时间轴上固定某一年份，而以国别的经济、人力指标作为观察点参数，进行回归分析。这种方法是人力规划最早使用同时也是这一领域中国际比较的主要方法。这是很自然的做法。因为单个国家长时间的时间序列数据难以收全或者根本没有，而国际组织的统计资料则提供了许多国家某一或相近年代的数据。尽管在统计口径和数据质量上有许多令人不满的地方，但起码有了一个可以开始的起点。最基本的国际比较法可以由图 2－1 表示。

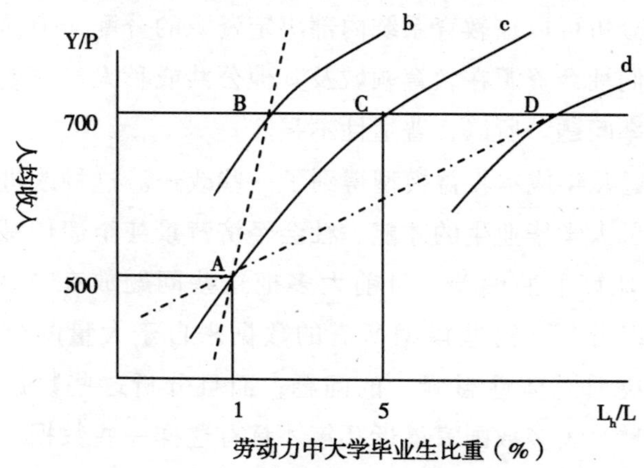


**图 2－1 国际比较法图解**

图 2－1 所示的即为人均收入 500 美元的国家试图在规划期内使人均收入达到 700 美元的情况。规划国的当前劳动力队伍中，大学毕业生比例为 1%（A 点）；而另一个收入为 700 美元的国家，其大学毕业生比例则是 5%（C 点）。那么，规划国要在规划期内实现 700 美元人均收入的必要条件是：在规划期内使劳动力中的大学毕业生比例从 1% 上升到 5%。

国际比较模型的方法主要包括确定部门产出与教育、人力利用率

间的一般相关性。其起点是下列类型的各种劳动投入的生产函数：①

$$Y = f(L_h, K)\ ,\ h = 1,\ 2,\ \cdots$$

其中，Y 代表产出，L 代表具有 h 教育资格的劳动力，K 代表物质资本。

对这一方程的第一步转换是将两边同除以 L，从而方程左边就等于是每一劳动力的产出，于是得到下列方程：

$$\frac{Y}{L} = g(\frac{L_h}{L}, \frac{K}{L})\ ,\ \mathrm{h} = 1,\ 2,\ \cdots$$

这个方程可以加入一些国际数据，如结果可以表示为劳动力中各种资格的劳动力的比例与其劳动生产率水平之间的关系。然而实际上，由于缺乏一些劳动力投入等的国际数据，方程很难得到想要的结果。

因此，可以通过另一种方式来转换生产函数方程。即先将方程移项后同除以 L，于是得到：

$$\frac{L_h}{L} = f(\frac{Y}{L} / \frac{K}{L})$$

当物质资本/劳动力之比一定时，即可以将某种资格劳动力比例视为总劳动生产率的函数。最后这个方程是国际比较模型中最常用的一个模型，我们可以称之为“需求函数”。然而，这与经济学中对需求的定义不太一样，因为方程右边缺少价格的概念。所以，其实称这一方程为“劳动需求函数”更为合适。

对于提升国际比较法所做的关键工作是哈比森（Harbison）和梅尔斯（Myers）他们的工作。1964 年，他们在《教育、人力和经济的增长》② 一书中，分析了不同国家人力资源发展的政策和战略倾向，用了从很多国家得到的数据，建立了一个叫做“人力资源发展综合”

---

① Psacharopoulos, George, *International Comparison Model in Manpower Planning*, in Husen, Torsten, Postlethwaite, T. Neville. *The International Encyclopedia of Education: Research and Studies*, Oxford, England: Pergamon Press, 1985, pp. 2649 – 2650.

② Harbison, Frederick, Myers, Charles A., *Education, Manpower and Economic Growth*, New York: McGraw-hill Book Company, 1964, pp. 23 – 48.

的指数。综合指数是一国各类学校人数的总和，给予高层次教育和人力投资效益明显的学科，如技术、科学、职业和技艺等领域，以较大的加权，将分为四组的人力资源发展指数（最高的美国为261.3，最低的尼日尔为0.3）和分为四组的75个国家的人均国民收入做相关分析。根据分析，哈比森和迈尔斯提出了下列建议：一个国家，未来要达到较高的国民收入水平，首先必须增加人力资源发展的综合指数，尤其是增加权重较大部分的投资。

哈比森在另一个研究中估计，大学学位持有者和中学毕业生的增长应分别是国民收入增长的二倍和三倍，例如，如果规划年收入增长率为4%，那么，高、中级专门人才的年增长率应分别为8%和12%。这种根据一系列国家跨部门的比较结果被发展中国家广泛采用，如布劳格统计，有三个东非国家和七个东南非洲国家曾采用这种方法；著名的阿什比报告也是以此为基础的。

20世纪60年代许多重要的经验研究所得出的结论与哈比森的不尽相同。如莱亚德和塞加尔（Layard & Saigal，1966）将上述国际比较模型改成如下形式：

$$\lg \frac{L_h}{L} = const + b\lg \frac{Y}{L}$$

而OECD（1970）则把上述方程改为：

$$\lg \frac{L_h}{L} = const + b\lg \frac{Y}{L} + c\lg \frac{K}{L}$$

莱亚德和塞加尔（Layard & Saigal，1966）根据相应的数据得到b系数（大学生占总劳动力的比例）为0.89，这就意味着，经济增长的比率应该与劳动力市场中大学毕业生所占比例几乎持平。而经济合作与发展组织（OECD，1970）利用更多的数据得到了类似的结果①。再如，1966年荷兰经济研究所报告了经济增长率、高中级人力数的增长率和人口增长率之间的回归分析结果。根据23个国家1957年的

① Psacharopoulos, George, *International Comparison Model in Manpower Planning*, in Husen, Torsten, Postlethwaite, T. Neville. *The International Encyclopedia of Education: Research and Studies*, Oxford, England: Pergamon Press, 1985, pp. 2649 - 2650.

数据，报告指出，国民经济每增长1%，高级人力增长1.038%，中级人力增长0.659%（欣奇利夫，1985）。国际劳工组织也曾利用总生产函数方法说明52个国家1951—1961年间劳动生产率的增长。对劳动生产率的增长速度、营养水平（每人卡路里数）、高等教育在校生数、中学在校生数、健康住房费用和其他福利非要进行相关分析，发现营养水平对经济增长有最大促进作用，高等教育勉强在统计上显著，其他项目在统计上并不显著（索贝尔，Sobel，1978）。问题在于，回归分析仅能说明两个或两个以上变量的联系程度而不能证明变量间的因果关系，而分析者往往视这些关系为必然关系，并以回归分析指导发展中国家计算人力需求和制订教育规划。

### （二）纵剖面分析

国际比较法另一种方式是利用有关国家的历史资料指导本国的规划。例如，20世纪50年代初期，法国曾利用其他直接可比的国家的统计数字的平均数来规划劳动力在经济各部门的分布，进而与未来的教育产出相联系（霍夫，Hough，1977）。20世纪50年代末，波多黎各的计划者运用比较法提出史诗般的假定：二十五年后的波多黎各经济发展水平将达到当时美国的水平，因此，1950年美国不同类型职业的教育资格水平，是1975年波多黎各的合理模型（霍夫，1987）。意大利曾利用法国的资料规划劳动力的分布（欣奇利夫，1985）。1960年，意大利对其1975年各部门间劳动力分配情况做了预测，其预测假设是1975年意大利的生产力水平等同于法国1960年的生产力水平（马蒂诺利，Martinoli，1960）。

### （三）国际比较法述评

总体上说，国际比较法是一种非科学的方法。“石器时代”的方法①，不足以为教育规划提供科学依据。首先，国际比较法存在的一个主要问题是：它采用了因果关系中的单向关系，即只考虑到了从教育到国民收入的关系。虽然强调国民收入和教育之间的积极关系是正

① 萨卡罗普洛斯：《教育规划工作的过去和现在》，载中央教育科学研究所编译，见《世界教育展望Ⅱ》（中文版第二集），教育科学出版社1983年版，第222页。

确的，但是我们并不能从这些相互关系中确定教育在之前已受到国民收入增加的影响的程度到底如何，即到底何者为因，何者为果。鲍曼和安德森的研究表明，30年代的收入水平可用来预测50年代在校人数，而30年代的就学人数却不能用来预测20年后的收入水平，可见，收入对教育构成因果关系，反之则不明显（阿特金森，1983）。由于难以确定因果关系中的相互影响，人们只能依赖于希望，即有意识地增加人力资源发展综合指数来提高国民收入水平。

其次，对国际比较法的根本性批评是，它假定存在一条全世界共同的经济增长道路，每一个国家都由同样的产出构成，因而有统一的职业结构和教育结构，所有发达国家的经验可以为不发达国家所模仿。经验表明，过去的根据不一定适用于未来，一国的经验也不可能轻易地适用于另一个国家。

此外，借助相关系数和他国人力结构来规划教育，必然看重人力性较强的中高等教育，在发展中国家尤其可能造成不良后果。正如萨卡罗普洛斯言，“几乎世界上每一个国家，特别是发展中国家，如果采用这种方法的话，其结果必然是，就像在非洲独立不久的国家一样，大办英国式的大学”。虽然，国际比较法如果数据准确，方法合理，应该说其结论是有价值的，可以使我们看到事物发展的一般趋势或规律。但是，实际经验表明，过去的根据不一定适用于未来，一国的经验也不可能轻易地适用于另一个国家。作为制定一国的经济或教育规划，国际比较的结论只具有参考和借鉴价值，不能作为参照系，更不能简单套用，制定教育规划只能从本国的实际出发。

尽管如此，国际比较法并非一无是处。它仍是教育规划中频繁使用的一种方法，特别是在制定目标、识别未来趋势上有独特的功效。很多学者也根据国际比较法为我国高等教育的发展提供政策建议。如杨江澜和吴炳义（2005）用巴西、韩国、印度三国的GDP数据和相应的高等教育毛入学率，指出了我国的高等教育发展规模和速度问题。

在方法论上，国际比较法也是有其科学根据的。我们认为，应该谨慎使用国际比较法。一个可行的建议是增加一些代表“国家特征”的变量，换句话说，在分析经济和人力发展模式时还应考虑下述因素：国土与人口规模、经济社会体制以及人文、地理、政治、历史传统等。特别要注重识别规划国和参照国之间国家特征的不同，或者识别参照国不同发展模式以供本国选择（这往往是政治抉择）。

## 五　数学计量模型法

在20世纪60年代，还有一种发展起来的方法，但现在似乎已经衰败，也就是所谓的“数学的、经济计量的或可计算的”模型。当然教育规划中所用的所有模型都包含以上的一些特征。然而，这里所说的计量模型指的是一种非常详尽地说明职业、教育、人口和经济活动之间关系的特殊模型。大部分都是一些投入产出类的模型，其中除了一些是属于人口统计和社会需求方面的模型之外。

在这些模型中，发展的趋势是从教育部门与其他部门相互联系的宏观模型，到教育本身的全面的微观模型。在这里主要想介绍两种，如果进行适当的简化，或许在实际教育规划工作中会很有用处。

### （一）蒂博根和博斯模型①

其一是宏观模型的代表，即蒂博根和博斯（J. Tinbergen & H. Bos，1965）模型。这个模型是属于经济计量中比较简单的模型，但远比帕纳斯等人设计的人力需求预测方法要复杂得多。蒂博根模型最初源于经济合作与发展组织，后来应用于许多国家。蒂博根模型是一个考虑政策变量的教育规划模型。从这一点看，它与通常只关注目标年预测值的人力需求模型大不一样。该模型通过一个描述教育和非教育产出对国民总产值影响的集合生产函数，力图使教育系统和经济的人力需求之间的关系公式化。该模型与人力需求法的基本区别在于：

① G. Psacharopoulos, *Tinbergen Model*, in: Husen, Torsten, Postlethwaite, T. Neville. *The International Encyclopedia of Education*: *Research and Studies*, Oxford, England: Pergamon Press, 1985, p. 5273.

前者不研究目前的人力条件，而注重根据生产可能性来预测未来对熟练人力的需求。他们的目的在于描述生产和教育机构所预期的各种合格人力的需求流量，并有助于为劳动市场政策提供教育规划方法。

该模型在其最简单的形式上考虑了下述“基本现实”：

（1）经济生活需要合格人力的存量，从人的寿命来看，学校新毕业生流量仅占该存量的很小比例。

（2）教育是由一系列连续阶段所构成的，每一阶段都取决于前一阶段所提供的新毕业生，例如，如果没有足够的中学毕业生，那么大学教育的发展就不可能。

（3）教育过程本身要使用一部分合格人力存量——正如农业中要留种子一样。

（4）合格人力是可以引进的。

该模型的最简单形式由六个基本方程组成：

（1）对于中等教育而言，有以下三个方程：

需求：$L_2^t = b_2 Y^t$ （1）

供给：$L_2^t = (1 - r_2) L_2^{t-1} + \Delta L_2$ （2）

增量：$\Delta L_2 = p_2 (g_2 S_2^{t-1} + d_3 S_3^{t-1} - e_3 S_3^t)$ （3）

（2）对于高等教育而言，同样有三个方程：

需求：$L_3^t = b_3 Y^t + T_2 S_2^t + T_3 S_3^t$ （4）

供给：$L_3^t = (1 - r_3) L_3^{t-1} + \Delta L_3$ （5）

增量：$\Delta L_3 = p_3 (g_3 S_3^{t-1})$ （6）

其中，上标 t 代表时间段，t-1 代表前一阶段，一个单位 t 并不一定等于 1 年，在这里是代表教育周期，此模型中指的是 6 年；下标 2 和 3 分别代表中等和高等教育；L 代表具有中等或高等教育的劳动力；b 代表中等或高等教育的劳动力利用系数；Y 代表上标年所指的产出值；r 代表劳动力的退休率和死亡率之和；Δ 代表差量；p 代表中等或高等教育劳动力的劳动参与率；g 代表中等或高等教育学生的毕业率；d 代表辍学率；e 代表高等教育的入学率；S 代表中等或高等教育的学生数量；T 代表中等或高等教育的师生比。

方程（1）表示对于具有中等教育水平的劳动力的需求，它只等于中等教育劳动力的利用系数与相应年份产值的乘积。对于具有高等教育水平的劳动力需求表现在方程（4）中，它包括两部分：第一部分是与中等教育劳动力需求类似的人力需求数；第二部分则为中等和高等教育自身的教师需求数，并假定与相应的学生数成比例。因此，对中等教育水平的劳动力需求仅为产出需求，而对于高等教育水平的劳动力需求则还要满足对教学人员的需求。方程（2）和（5）代表的是 t 时期中等和高等教育劳动力的供给等于 t－1 时期的劳动力剩余与两个时期之间的增量之和。而增量本身又是另一个方程计算的结果，等于劳动力参与率与中等或高等教育毕业生数之积。方程（3）括号中后两项各自代表中等教育的辍学人数和进入高等教育的入学人数。

这六个方程有 6 个未知数。如果给定不同的参数值，我们就能求出中等和高等教育劳动力的存量（$L_2$、$L_3$）、每年流量（$\Delta L_2$、$\Delta L_3$）和学生数（$S_2$、$S_3$）。所需知道的已知参数包括劳动力利用系数（b）、劳动力参与率（p）、退休死亡率（r）、毕业率（g）、辍学率（d）、高等教育入学率（e）以及师生比（T），这些参数可以通过统计分析进行估算。

我们可以看出，蒂博根模型的最显著特征在于其检测教育系统从现状移动到未来状态的一个轨迹以及过程中的不平衡性。这个模型区分了中等和高等教育，并把初等教育排除在外。因为他们认为初等教育并不是中等教育扩张和增加产出的“瓶颈”，认为“没有什么能规划初等教育”。他们假设中等教育是高等教育的先决条件。这个模型还避开职业预测而直接进行教育需求的预测，受过教育的人力及与经济产出的关系以绝对值表示，在做入学人数预测时，特别注意教师供求状况。这样，教育规划中的关键问题，尤其是教师供求约束问题就能解决了。

但是这个模型也受到了很多批评①。首先，教育虽然是影响经济增长的因素之一，但教育与经济发展间具有相互影响关系，教育系统

① 张春曙：《教育规划理论与方法》，高等教育出版社 2000 年版，第 67—68 页。

的发展可能是经济发展的结果而不是经济发展的原因。其次，此模型暗含一个“平衡增长”的假定，即“教育系统理想的发展是与适度的经济增长相平行的一种有规律的增长。如果经济发展保持不变的增长速度，则可能找到反玦同样增长率的教育发展的途径”。正如布姆比奇（Bombach，1964）所指出的那样，这一概念与集合生产函数的有关假设结合在一起，会产生一些令人难以理解的结果。森（Sen，1964）也批评这个模型，认为此模型对教育培训周期的估算是不正确的，它用奇特的方法来处理人力的贬值。而且，从以上六个方程我们也可以看出，蒂博根模型中没有初等教育劳动力的供需状况，因此其潜在的一个假设是初等教育水平的劳动力对产出没有贡献。这是不太合情理的一个假设。

（二）斯通模型

另一个模型是斯通（Stone）模型①。正如福克斯和桑古塔所指出的那样，蒂博根和博斯模型围绕下述假设得到了发展，即经济社会有两大部门——教育和非教育，教育部门被视为一个单位。斯通（1965）提出的模型就是对前者的发展，它考虑了教育系统的多部门模型。斯通模型不是将自己局限于初、中、高三级教育本身，而是考虑了各种教育和培训形式。模型包含一系列流量方程（基本类似于开放动态的投入—产出模型），在方程中，学生某一年的获得水平被表示为未来进入劳动力队伍毕业生的向量的函数。模型的基本功能是它能够推出教育系统理想的增长途径，来作为理想的未来产出水平和熟练人力结构的函数。

斯通模型具有许多令人感兴趣的特点。斯通在给教育系统下了定义之后，在各教育过程或各学校活动之间划了一条分界线，他用投入—产出矩阵来表示学生流量。方程考虑了由各种原因引起的消耗。然后，把对高等教育的需求看作是一系列“传染”过程，其中需求的变化取决于：(1）受“传染”的人数；(2）尚未受“传染”的人数（潜在传染）。斯通把经济投入分成三类：中间投入、物质设备以

① 张春曙：《教育规划理论与方法》，高等教育出版社2000年版，第68—69页。

及劳动力。这些投入反过来又由活动水平决定。最初活动水平取决于人口统计数据，超过义务教育，可用“传染”模型来预测对教育的需求：假定由学生及其咨询者做教育决策，它受到经济专业化前景的影响；这些决策决定了在教育系统中各阶段入学的学生数。这些需求影响决定了未来毕业生的构成，反过来也决定了不同教育过程的当前活动水平。

计算活动水平使我们能够确定对各种投入（如教师、校舍、物质设备等）的需求数量。技术变化或教育方法变化对学习过程或经济投入的影响也可以引入此模型。

该模型的困难之一在于，它不能分析备选教育政策的潜在机会成本，而且还需要区分某些投入对当前产出的影响和通过间接刺激以后这些投入对未来产出的影响。

其他还有一些中观和微观的数学计量模型，如休斯塔（T. Thonstad，1967）创造的模型。挪威科学和人文科学研究理事会用此模型来预测中等后教育的入学人数和毕业生数，该模型不与经济和人力需求相联系。

（三）数学计量模型述评

数学模型有着明显的弱点。以投入产出模型为例，作为经济科学的工具，它描述为了生产某一单位的产品，需要多少必要的成分。作为整个经济活动的简化图像，它假定了许多与真正的生产过程不同的刚性——无法适应性的变化。如果投入可以替代，例如用椰子果代替花生，那么整个投入产出平衡就会打破。运用于教育，也必须假定人力的可替代性等于零，而这与经验是不相符的。

这些模型昙花一现的原因，依笔者看，主要是因为人们对这么详尽的公式并不是很熟悉。在辛辛苦苦的分析和实际使用之间还存在一个平衡、衔接的问题，而且尤其是在大多数国家的有效数据又比较有限的情况下，更是如此。因此使用这些模型的主要是统计学、运筹学和经济学的研究生而不是实际的教育规划工作者，它“充其量不过是使得各种规划方式变得便利的计算工具”（经济合作与发展组织，OECD，1980）。

## 第二节 我国高等教育规划所运用的主要方法

如导言中所述，我国自20世纪80年代之后才有了独立的教育规划，之后一般每五年一次规划。除此之外，也有一些重大课题及其报告，如《2000年的中国教育》、《从人口大国迈向人力资源强国》等。应该说我国政府及教育部门对教育规划还是比较重视的，尤其重视高等教育的发展问题。但是，以往我国高等教育规划的内容过多地关注增长的目标，而且大多是指示性的目标。当然，高等教育发展的规模问题毫无疑问仍然是高等教育规划的最基础内容，因此，也是本书关注的焦点。除此之外，以往高等教育规划极少关注高级专门人才的使用模式和流动模式的研究，忽视正规高等教育之外的人才形成模式和国家之外的人力流动渠道；在高等教育规划中，很难发现质量规划的内容。而这些正是国际教育规划研究的重要发展趋势，也应是我国未来高等教育规划的主要内容。由于时间、精力所限，本书没有探讨此类问题。

### 一 人力需求法

的确，人力需求法是世界各国和国际教育规划领域最常用的一种方法。我国在20世纪80年代时曾大规模地使用此方法来进行高等教育规划。这里简单阐述一下人力需求法在我国教育规划部门中的应用。

如导言中所述，我国大规模组织的、正式的教育规划始于1983年。1982年12月，《国务院批转国家计划委员会关于制定长远规划工作安排的报告的通知》提出了专门人才规划的任务，从1983年开始，由国家计委、教育部和劳动人事部牵头，其他各部委参加，按部门、行业归口覆盖全国，进行了第一次全国专门人才现状调查和人才需求预测。此次进行的专门人才现状调查，调查了1983年6月30日全国具备中专及中专以上学历或技术员及技术员以上相应职称的专门人才，根据全国专门人才的学历、职称、年龄、科类、行业的分布情况及现有人才使用浪费等情况，预测了2000年全国专门人才的需求。这项工作由中央有关各部门按72个系统分工，覆盖了全国职工总数的99.5%，城乡从业人员的99.9%左右。此次专门人才现状调查动用工作人员数十万；多数部门，包括农牧渔业部（要覆盖农村，包括乡镇企业）、轻工业部这样面大、分散的部门，均采用普查的办法，因而精度较高。并在此基础上进行了全国中长期（1983—2000年）教育规划的测算和编制。由于1983年开展的需求预测仅限于专门人才，没有包括各种技术人才和较低层次的劳动者，加上各省（自治区、直辖市）为制定地区的发展战略和长远规划，急需本地区的人才现状和人才需求预测，以便加强宏观指导，为此，1985年7月，经国务院批准，按省覆盖进行了第二次全国专门人才现状调查和人才需求预测，形成了《2000年的中国教育》报告。在此基础上，在全国范围内开展了制定1985—2000年教育规划工作，从中央到地方，各级政府都制定了《教育事业“八五”计划和十年规划》。这两次专门人才现状调查和人才需求预测，以及在此基础上制定的教育事业发展规划是新中国成立以来规模最大、参加人数最多、收获最丰的大动作。

目前，我国学术界也有一些课题组在进行高等教育规模规划时，是根据人力需求法来进行的。如北京市教科院（2006）《首都人力资源系统》课题研究中，在预测北京市高等教育的规模时，其中一种方法就是采用了人力需求法。人力需求法的缺陷已在前文论及。如随着时间的变化，新的职业种类不断出现，同一职业所需的教育水平也在不断发生变化；以及技术发展对高等教育人力替代性的影响等，如此很多问题人力需求法都还没有解决。

## 二　国际比较法

除了人力需求法外，我国高等教育规划中比较常用的另一种方法是国际比较法。应该说，国际比较法有其独有的优点，即可以根据世界的或他国的经验为我国的高等教育规划提供借鉴。2002年由中国教育与人力资源问题报告课题组进行并提出的《从人口大国迈向人力资源强国》就是一个非常典型的、为高等教育规划提供政策建议的报告。根据此报告，笔者认为，在这一课题中所运用的主要教育规划方法之一即为国际比较法。此课题在综合参考了联合国教科文组织、联合国开发计划署、经济发展与合作组织关于世界各国教育发展水平分类的基础上，根据各国人口与经济、教育发展水平和教育投入三个主要因素，选择各级教育毛入学率、人均 GDP、公共教育支出占 GDP 比例等指标，将世界部分国家分成教育发达国家、教育较发达国家、教育中等发达国家和教育欠发达国家四个发展水平。在此基础上，根据我国与世界教育发展水平的差距，在综合考虑我国具体国情的基础上，提出了我国未来 50 年教育发展的基本思路和政策建议。因此，这一课题所运用的很重要的一个方法就是国际比较法。或者，我们也可以根据钱纳里的定义，把这种方法称为“类型分析法”①。

应该指出的是，我国教育规划的实际制定有一个非常明显的特征，即除了运用上述各种方法外，还主要依赖于政府的主旨来确定高等教育的发展，也就是说，我国高等教育规划的政治性比较强。

## 本章小结

本章详细地阐述了国内外高等教育规划的五种主要方法，即人力需求法、社会需求法、成本收益分析法、国际比较法和计量模型法。应该说，虽然这五种方法的分类有互相重叠的部分，但基本上还是归纳了国际学术界和各国实际应用中的主要几种方法。这五种方法在不同的历史阶段应运而生，应该说，各自都有优缺点。

我国经过 30 多年的教育规划实践探索，基本上主要运用了人力需求法和国际比较法两种规划方法。我国以往的高等教育规划既有成功的方面，又有失败的方面。

① 具体可以参考［美］霍利斯·钱纳里、莫伊思·赛尔昆《发展的形式 1950—1970》，李新华等译，经济科学出版社 1988 年版，第 12 页。

# 第三章　我国高等教育规模规划的方法论选择

## 第一节　我国高等教育规模规划方法论的选择

前文所述的五种主要教育规划方法，同样适合于高等教育规划。而人力需求法、社会需求法、国际比较法、计量模型法这四种方法，其实也主要就是解决高等教育规划中的数量和规模问题。因此，这四种方法同样也适合于高等教育规模的规划。

历史经验证明，高等教育规划的困境不仅是由于教育所处的外部环境条件的变化，还是由于方法论本身的不完善。各种方法论都片面扩大了教育，尤其是高等教育与社会经济发展的关系的某一侧面；有的方法论，其基本假定或基本原理缺乏坚实的实践基础或经不起逻辑的推敲；有的方法论仅仅停留在纸面上，没能找到走出象牙塔的路径。教育的现实和不确定的未来都呼唤规划方法的变革。对这几种教育规划方法抑或进行改进，抑或进行综合，抑或创造一种全新的教育规划方法，这些都是需要各国教育规划工作者及学者继续努力研究的一个重大课题。有些外国学者已经提出了选择规划方法的一些基本思路（阿德尔曼，Adelman，1966；鲍尔斯，1969；弗里曼，1975；布劳格，1967；萨卡罗普洛斯，1975）。

对上述五种教育规划方法，有学者认为，基础教育等普及性教育可更多地运用社会需求法来进行规划，而中等技术、高等教育则更多地运用人力需求法和成本收益分析法进行规划比较合适（萨卡罗普洛斯，1975）；也有经济学家认为，可通过加入成本收益的一些信息改善人力需求规划模型（阿德尔曼，1966；鲍尔斯，1969；弗里曼，

1975 等）。英国教育经济学家布劳格（1967）认为，因为教育需求与供给总是相互影响的，所以人力需求预测必须和社会需求预测结合起来。不同教育的成本是不同的，收入也是不同的，这自然就引入了收益率分析。因此，教育规划中所用的前三种方法其实是相互补充而非排斥的。布劳格还认为，人们对教育规划方法所持的不同观点，其实根本原因是由于人们对真实世界的看法不一致所引起的。他认为在整个世界体系中①，最左边的是列昂捷夫的世界（固定投入系数，其特点是教育与行业都是完全相互补充的），最右边的是新古典主义的世界（其特点是教育系统与生产系统是相互替代的）。毫无疑问，我们所处的真实世界是介于这个连续体之间的。问题就在于我们的世界到底是更靠近左边还是更靠近右边。这给我们提供了另一个选择教育规划方法的思路。

萨卡罗普洛斯（1975）认为②，在选择教育规划方法时，通常应该从以下三个维度进行考虑：一是教育规划所应用的国家类型；二是所要规划的教育级别；三是政策制定者对不同对象的重视程度。而在进行宏观教育规划的实践中，这三点经常被忽视。他认为，成本收益模型比较适合于发达国家和一些比较大的国家，这主要是因为这些国家的替代程度较高，劳动力储备也比较多；而社会需求法也适用于发达国家，因为在发达国家中，没有人能规划初级教育，社会需求会自动关注这一级的教育；但在欠发达国家中可以对初级教育进行规划，如设定义务教育普及年限、普及率等；中等普通、人文学科可以根据社会需求来规划，而中等技术、某些高等教育领域（如医学、工程等）可根据成本收益分析来规划。他认为，不同经济发展水平的国家，其教育规划者的规划目标不尽相同，而不同的规划目标可能需要不同的方法。如，教育规划者的某些目标可能包括产出的最大化、收

---

① 具体可以参考：Blaug，Mark，“Approaches to educational planning”，*The Economic Journal*，Vol. 77，No. 306，Jun.，1967，pp. 271 –276。

② George Psacharopoulos，“The Macro-Planning of Education：A Clarification of Issues and A Look into the Future ”，*Comparative Education Review*，Vol. 19，No. 2，June 1975，pp. 221 –223.

入的分配、就业的创造、瓶颈的避免、识字率或社会需求的满足等。如对发达国家而言，可能比较关注于收入分配、为满足社会需求而牺牲效率；而欠发达国家可能比较关注产出最大化、识字率提高和瓶颈的避免等。而前四个目标可以用人力规划方法来达到，后两个目标则更多地可以应用人口过渡比例模型来达到。他指出，未来的宏观教育规划的发展：首先更依赖于模型的解决。其次，劳动力市场为基础的模型仍然占主导地位，而不是人口统计学或马可夫链为基础的方法。社会需求法主要会用于评估需求方，也要依赖于相对收入。劳动力市场为基础的模型将依赖于起薪而不是平均的或历史的收入。再次，倾向于周期的、非固定的大范围规划。现在许多规划者既忽略了一般原则，又忽略了具体国情。这无疑也给我们提供了思考高等教育规划方法的思路。

布劳格（1967）认为，如果学生对于工作收入信息充分，机器可以代替技术工人，工人之间在不同工种之间可以自由流动、弹性充分、完全替代，并且专业技能可以在工作中学到，那么在这种世界中，人力需求就没有任何意义，只需要做社会需求预测和成本收益分析。人力需求预测所使用的世界是：学生家长对职业前景信息不充分，对教育更多的是消费而不是投资，学科专业化很早就开始，生师比是固定的、难以调整的，所有学校建筑和设备都是不能分割的，其使用都是高度专业化的，对不同技能的需求是高度无弹性的，劳动力与资本之间、不同技术工人之间的替代弹性是很低的，行业并不提供任何培训，技术变化的脚步太快以至于对不同教育背景的人的需求曲线会随着时间的变化而不均衡、不规则的变化。在这种世界中，私人教育需求是不稳定的，因此不可能外推现在的趋势。

显然，确认人力需求预测在高等教育规划中的作用，必须解决有关的两个问题：第一，人力需求预测是可能的吗？第二，如果可能，它将在何种程度上影响教育规划？后者包含着如何将各种职业的人力需求数转换为高等教育各部分各专业的学额数的问题以及如何权衡社会需求和人力需求的问题。应当承认，传统的人力需求方法，违背常理地建立在零替换率的假定之上，这种机械僵化的特点必须抛弃。但是，也必须指出，对人力需求预测要采取现实的态度和合理的期待。例如，人力需求预测是可能的吗？如果所指的是要对分类达三位数的每一类型的职业未来十五年所需的人力进行精确预报，肯定不可能；如果所指的是预测一定时间内农业劳动力相对于工业劳动力会增加还是会减少，多半可能。某一职业类型的人力需求有可能转换为某一专业的毕业人数吗？如果所指的是经理、文职人员，多半不可能；但如果所指的是医生、教师、技术人员等则完全可能。

因此，笔者认为，高等教育规划无疑不可能也不应当仅仅依据未来经济发展所需的人力需求来制订，但任何合理的规划如果不考虑未来的人力结构，显然是不可想象的。各国的经验表明，问题不是应不应该以人力需求为基础，而是如何在规划上运用人力需求预测的结果。经验表明，即使适应社会需求的高等教育规划也要求规划者估计未来的人力需求，因为社会需求本身也是劳动力市场的前景预测所决定的；甚至在社会需求控制高等教育入学数量的地方，仍需要用人力需求标准来规划学科结构。诚如帕纳斯（1962）所言，“教育规划考虑人力需求是可能的，也是必要的，只要人们对它持有合理的态度”。布劳格（1967）也指出：“尤其是发展中国际的教育规划，应更多地关注于教育系统和劳动力市场的相互影响。”① 正如同人一样，我们不能仅靠面包生存，但承认这一点并不会使我们忘记面包对生存而言是不可缺少的。

各种规划方法的作用在于为教育规划和教育决策提供信息基础。没有一种高等教育规划方法论能自动提出一个合理的规划，因为高等教育规划过程本身是一个政治决策过程。在这个过程中，需要权衡需要和可能、类型结构、数量规模和质量标准。但在另一方面，为使政治决策具有较高的科学性或合理性，高等教育规划必须综合使用各种方法论。这也就是为什么笔者认为高等教育规划既有科学性也有政治性的原因。例如，在较高规划层次，人力需求法占主导地位，坚持不

① Blaug, Mark, “Approaches to educational planning”, *The Economic Journal*, Vol. 77, No. 306, Jun., 1967, pp. 271 - 276.

懈地进行人力预测，才有可能宏观把握未来的趋势；然而，这绝不意味着把人力预测作为唯一的规划基础。在较低规划层次，劳动力市场更多地只起到导向作用，社会需求法将逐步显示其用处，当然，规划者必须仔细分析和估价社会需求的意义，根据高教发展的总目标和院校自身利益有选择地加以满足。在每一级规划层次，都必须对各种对策和选择的可能结果进行成本收益分析。教育规划忽略经济分析，如同把教育规划等同于经济分析一样，都是错误的。经验表明，注重效益的高等教育规划，同样可以使高等教育在资源增长有限的条件下得到发展，例如，通过提高生师比、降低单位费用、提高质量等途径，可以使高等教育在同样资源条件下得到更大产出。

经济合作和发展组织（OECD，1983）[①] 在评价以往教育规划理论和实践的基础上，提出了未来教育规划首先要注重教育规划的信息基础，它认为，教育规划者必须充分掌握影响教育发展的各种趋势，如社会对教育的重视程度、学生对教育和就业的态度、教育研究的成果、教育系统的功能和操作、劳动力市场的功能和未来发展、计算机对教育技术的影响以及经济的可能发展等。

朱佳生（1989）指出，教育规划工作是一项庞大的系统工程，应以现代方法为主，将传统方法与现代方法相结合。所谓现代方法就是系统工程的方法，把教育看作经济、社会这个大系统的重要有机组成部分，而教育系统本身又分成若干多层次、多渠道、各有特点又相互联系的子系统来研究。[②] 高等教育规划的系统分析方法是：分析和确定问题的范围、高等教育系统具备的功能和相应的环境条件；收集、分析和处理有关高等教育的各种历史和现状数据；确定目标体系；建立数学模型；通过仿真手段进行检验；根据反馈信息修改设计；对系统进行模拟计算；最后提出规划方案及相应的对策和措施等。[③] 在其

---

① Organisation for Economic Co-operation and Development, *Educational Planning: A Reappraisal*, Paris: OECD, 1983.

② 朱佳生：《教育系统工程》，湖南大学出版社 1989 年版，第 152 页。

③ 同上书，第 220 页。

著作《教育系统工程》一书中主要将教育规划工作分成两部分：经济社会发展和人才需求预测以及教育规划。前者是教育规划的基础和前提。而经济社会发展和人才需求预测部分的基础工作包括经济社会发展水平预测、产业结构预测、行业人才结构预测、人才现状调查和国民收入及其分配预测等五项工作。根据这部分的工作结果，提出经济社会各部门对各种人才的需要量（教育系统除外，教育系统内部的人才需求由教育规划部分算出）连同人口现状和预测的数据，供教育规划部分应用。因此，可以看出来，此书主要是根据人力需求预测来进行教育规划的，基本只考虑了社会经济发展水平对各行各业人才的需求。当然，笔者同时认为，由于高等教育的功能之一就是要为促进经济发展培养人才，所以高等教育规模预测的方法必须包括人力需求法。这主要是由于教育，尤其是高等教育与经济的关系。虽说教育的唯一功能并不是为了促进经济发展，但这至少是其重要的功能之一。而经济的发展需要大量的高素质劳动力，而高素质劳动力的培养，在很大程度上是要由正规教育来进行的，虽然也有一部分其他形式的培养方式。

因此，综合以上学者的观点，笔者认为为了更好地满足经济发展的需要以及人民群众对高等教育的需求，为了更好地利用有限的教育资源，我国高等教育宏观规划在方法论的选择上，应该运用系统分析的观点，坚持人力需求法和社会需求法的相互结合，即既考虑社会经济发展对高等教育的要求，又考虑人民群众的高等教育要求，并适当考虑各学科、学校间的成本收益分析，从而使有限的高等教育资源能得到最大化的使用和最合理的配置。总之，我们应该站在更高的角度，用更长远的眼光看待高等教育规划问题。

## 第二节 我国高等教育规模规划的供需系统分析方法

高等教育的未来发展问题，不单纯是高等教育本身的问题，更多的是属于整个社会发展战略的大课题，它涉及国家经济、人口、就业等许多教育以外的问题。因此，在制定高等教育规划时，应该从系统的观点出发，考虑影响高等教育供给和需求的内、外部因素。内部因素主要包括高等教育自身的内部客观规律、高等教育发展目标和教育资源内部配置等问题对高等教育发展的制约。外部因素则包括政治形势、经济发展水平、居民高等教育需求、就业吸纳能力、科技进步等方方面面。除此之外，未来的发展必然建立在现状的基础之上。因此，也需要对各方面的现状做出调查和准确的分析。总而言之，我们必须用一种系统的观点和思路来进行高等教育的宏观规划。这也是我们之所以在前面提出高等教育规划应将社会需求法和人力需求法相结合并考虑政治因素的系统分析方法的原因和结果。

作为一项完整的教育规划工作，涉及诸多方面的内容。参考杨晓青等人的框架图，本书设计的教育规划框图具体如图 3 - 1 所示。

如图 3 - 1 所示，笔者认为，我们需要在全面了解现状的基础上，综合考虑社会经济发展及居民对高等教育的需求与社会及居民的可能供给，并适当考虑政治、政府因素，最终确定高等教育的规划。因此，在进行高等教育宏观规划时，最基本的还是首先应该全面考虑高等教育的需求和供给两个方面的因素。如前所述，就高等教育需求来说，既包括社会经济发展对高等教育的需求，又包括居民个人对高等教育的需求。就高等教育供给来说，各类高校是高等教育供给的微观主体，教育部门则是教育供给的宏观主体。教育机构所能提供的教育多少，一方面取决于社会与个人投入教育资源的多少，另一方面取决于单位教育成本的大小。就我国目前来说，要确立高等教育的未来发展——既能满足社会对高级专门人才的需要，又满足人民群众对高等教育的需求，同时又不超过社会各方面的承受能力，就必须通盘考虑我国的经济、人口、就业及教育发展现状的各方面状况及未来发展目标。这样的一个分析可以通过图 3 - 2 更清晰地表述。

从图 3 - 2 我们可以更清晰、直观地看到，高等教育规模的规划不仅要受到社会经济需求和个人需求的限制，而且要受到教职工、办学条件、教育经费等供给的限制。而高等教育规划的规划同时又决定了教师、办学条件及教育经费需求的规划。具体阐述如下。

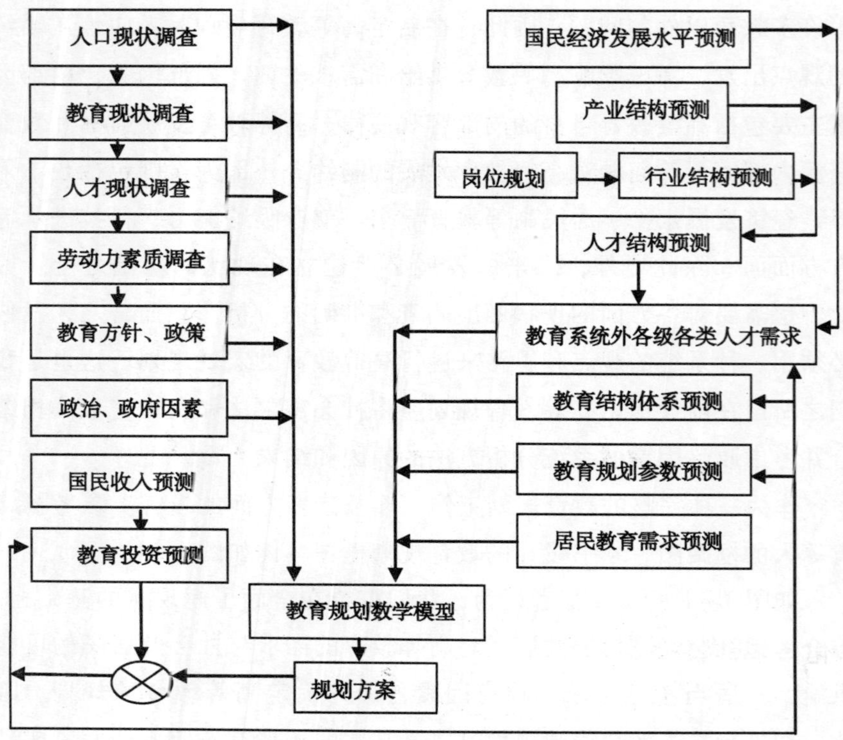


图 3－1　教育规划框图

资料来源：杨晓青、管西亮、秦昌威：《教育规划理论与实践》，中国大百科全书出版社 2005 年版，第 20 页。

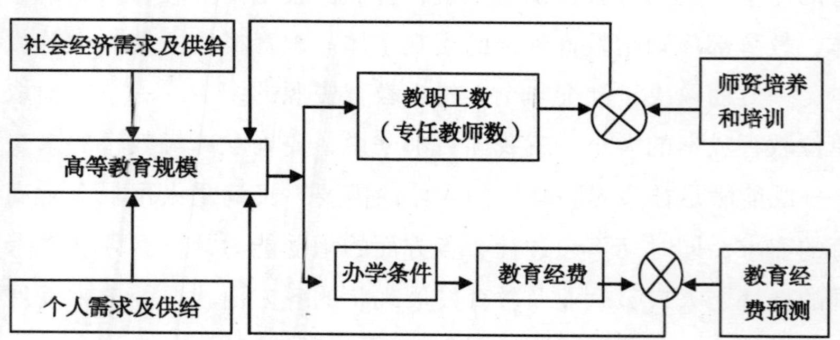


图 3－2　宏观高等教育规模规划供需分析简易图

## 一　高等教育的需求方

从需求方面来说，进行高等教育规模和速度的预测和规划时，应该主要考虑社会（国家）和个人这两方面对高等教育的需求。

（一）社会的高等教育需求

社会的高等教育需求通过政府对教育的需求体现。受过高等教育的专门人才是保证和促进经济与社会活动正常或超常发展的基本投入要素。居民接受高等教育范围的扩大，不仅是经济与社会发展的必要条件和目的，同时也是政府的职责和义务。从社会对高等教育的需求来说，作为教育规划者而言，应该考虑以下影响社会（国家）对高等教育需求的因素。

1. 国家的经济发展状况及其发展目标

国际经济发展状况主要包括经济发展速度、经济结构状况、市场化程度和地区间经济发展关系等。国家的经济发展状况良好应体现在经济发展速度快、经济结构合理、市场化程度高和地区间经济发展平衡上，教育的需求量与国家的经济发展状况呈正相关关系。当国家的经济发展状况好时，社会需要更多的人才充斥到日益增多的岗位上去实现其价值。这些归根结底都反映在未来社会经济的发展所需的各级各类劳动力及人才上。这种考虑将会使教育规划者对高等教育的总体规模及其学科、专业结构做出新的判断和规划。但就高等教育规模的总量而言，只需要考虑到总体的劳动力和就业需求即可。衡量一国经济发展状况的指标主要有 GDP 总量和人均 GDP。

由于规划是面向未来的，因此不仅要考虑经济发展的现状，更要掌握经济发展的目标。经济发展目标是一个社会对一定时期经济发展的总要求。由于经济发展目标决定了物质生产部门所提供的教育发展资金的数量以及所容纳的高级专门人才的数量，所以高等教育发展规模与速度受到经济发展目标所制约。假定经济发展战略目标不确定，一定时期经济发展所必需的专门人才的数量和它所能提供的高等教育发展资金的数量就具有伸缩性，高等教育发展规模与速度也就难以确定。

此外，由配第—克拉克定理[①]可知，第三产业就业人数越多，则其国民经济发展水平就越高。在国民经济增长的前提下，高等教育规模的扩展同第三产业的人口产业结构比重增大是相辅相成的。因此，在高等教育规模规划时，未来第三产业占 GDP 的比重也应给予考虑。此外，城镇化是工业化的产物，一个国家城镇化程度水平的高低反映了其工业化水平及经济发展水平的高低。而且据有关研究表明，城镇居民对高等教育的需求与农民对高等教育的需求也是不一样的。因此，在预测高等教育规模时，城镇化水平高低或许也应该考虑。表 3－1 为我国 1978—2012 年在以上几方面的经济发展变化情况。

**表 3－1　　1978—2012 年我国 GDP、人均 GDP、第二、第三产业占 GDP 的比重以及城镇人口比重情况**

| 年份 | GDP 总量（当年价：亿元） | 人均 GDP（当年价：元） | 第二产业占 GDP 的比重（%） | 第三产业占 GDP 的比重（%） | 城镇人口比重（%） |
|---|---|---|---|---|---|
| 1978 | 3645.2 | 381 | 47.9 | 23.9 | 17.92 |
| 1979 | 4062.6 | 419 | 47.1 | 21.6 | 18.96 |
| 1980 | 4545.6 | 463 | 48.2 | 21.6 | 19.39 |
| 1981 | 4891.6 | 492 | 46.1 | 22.0 | 20.16 |
| 1982 | 5323.4 | 528 | 44.8 | 21.8 | 21.13 |
| 1983 | 5962.7 | 583 | 44.4 | 22.4 | 21.62 |
| 1984 | 7208.1 | 695 | 43.1 | 24.8 | 23.01 |
| 1985 | 9016 | 858 | 42.9 | 28.7 | 23.71 |
| 1986 | 10275.2 | 963 | 43.7 | 29.1 | 24.52 |
| 1987 | 12058.6 | 1112 | 43.5 | 29.6 | 25.32 |
| 1988 | 15042.8 | 1366 | 43.8 | 30.5 | 25.81 |
| 1989 | 16992.3 | 1519 | 42.9 | 32.1 | 26.21 |
| 1990 | 18667.8 | 1644 | 41.3 | 31.5 | 26.41 |

① 该定理把人类全部经济活动分为第一产业（农业）、第二产业（制造业、建筑业）和第三产业（广义的服务业）。经过经济大样本观察，威廉·配第与科林·克拉克两位经济学家先后发现，随着人均国民收入水平的提高，劳动力首先从第一产业向第二产业转移，当人均国民收入水平进一步提高时，劳动力便向第三产业转移。

续表

| 年份 | GDP 总量（当年价：亿元） | 人均 GDP（当年价：元） | 第二产业占 GDP 的比重（%） | 第三产业占 GDP 的比重（%） | 城镇人口比重（%） |
|---|---|---|---|---|---|
| 1991 | 21781. 5 | 1893 | 41. 8 | 33. 7 | 26. 94 |
| 1992 | 26923. 5 | 2311 | 43. 5 | 34. 8 | 27. 46 |
| 1993 | 35333. 9 | 2998 | 46. 6 | 33. 7 | 27. 99 |
| 1994 | 48197. 9 | 4044 | 46. 6 | 33. 6 | 28. 51 |
| 1995 | 60793. 7 | 5046 | 47. 2 | 32. 9 | 29. 04 |
| 1996 | 71176. 6 | 5846 | 47. 5 | 32. 8 | 30. 48 |
| 1997 | 78973 | 6420 | 47. 5 | 34. 2 | 31. 91 |
| 1998 | 84402. 3 | 6796 | 46. 2 | 36. 2 | 33. 35 |
| 1999 | 89677. 1 | 7159 | 45. 8 | 37. 8 | 34. 78 |
| 2000 | 99214. 6 | 7858 | 45. 9 | 39. 0 | 36. 22 |
| 2001 | 109655. 2 | 8622 | 45. 2 | 40. 5 | 37. 66 |
| 2002 | 120332. 7 | 9398 | 44. 8 | 41. 5 | 39. 09 |
| 2003 | 135822. 8 | 10542 | 46 | 41. 2 | 40. 53 |
| 2004 | 159878. 3 | 12336 | 46. 2 | 40. 5 | 41. 76 |
| 2005 | 184937. 4 | 14185 | 47. 4 | 40. 5 | 42. 99 |
| 2006 | 216314. 4 | 16500 | 47. 95 | 40. 9 | 44. 34 |
| 2007 | 265810. 3 | 20169 | 47. 3 | 41. 9 | 45. 89 |
| 2008 | 314045. 4 | 23708 | 47. 4 | 41. 8 | 46. 99 |
| 2009 | 340902. 8 | 25608 | 46. 2 | 43. 4 | 48. 34 |
| 2010 | 401512. 8 | 30015 | 46. 7 | 43. 2 | 49. 95 |
| 2011 | 472881. 6 | 35181 | 46. 6 | 43. 4 | 51. 27 |
| 2012 | 519470. 10 | 38459. 47 | 48. 7 | 45. 6 | 52. 57 |

资料来源：中华人民共和国国家统计局编：《中国统计年鉴》（2013），中国统计出版社 2013 年版，以下图表的数据资料，若无特别说明，均来自《中国统计年鉴》。

从历年实际人均 GDP 与各类高等教育本专科在校生数的曲线图，我们可以看出，高等教育的在校生规模确实与人均 GDP 关系非常密切。

2. 未来的适龄人口数量

发展高等教育的目的除了满足社会经济发展所需之外，就是为了

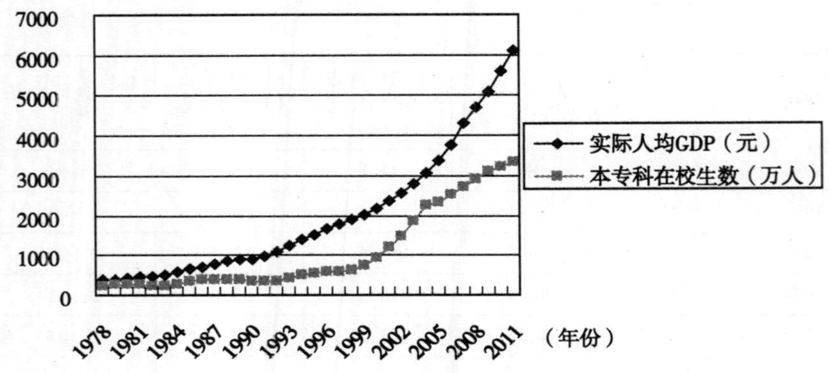


**图 3－3　1978—2011 年实际人均 GDP 与高等教育本专科在校生数关系图**

满足居民对高等教育的需求，人口数量越大，对高等教育规模的需求就越大。因此，人口数量的大小就直接决定了高等教育发展规模的需求，尤其是像我国这样的人口大国更为如此。随着高考年龄条件的放宽，许多超过原有适龄年龄的大龄青年，甚至老年都跃跃欲试。因此，目前高等教育的学生中也有少部分的大龄青年，当然这只是很小的一部分，我国高等教育的学生主体绝大多数仍然还是 18—22 岁的青年。因此，未来的适龄人口数量越大，对高等教育的需求就越大。根据《21 世纪初中国人口结构变化对教育的影响》课题组的有关预测，未来几十年我国高等教育适龄人口数量呈现“两峰两谷”趋势，具体如图 3－4 所示。

但是，随着网络化程度的日益普及、终身教育观念的不断深入人心，高等教育群体的组成正发生着悄然的变化。虽然主体仍是 18—22 岁的适龄青年，但是，小于 18 岁和大于 22 岁的高考报名比重和大学生比重都日益增多。因此，或许“适龄人口”这个范围应该发生一点变化。

3. 政府的偏好

政府的偏好包括经济、政治和社会三个方面。政府的政治和社会偏好会直接影响其经济偏好，也就是说，政府有关高等教育对社会经济发展作用的认识及其在整个社会中所占地位的态度会直接影响着政

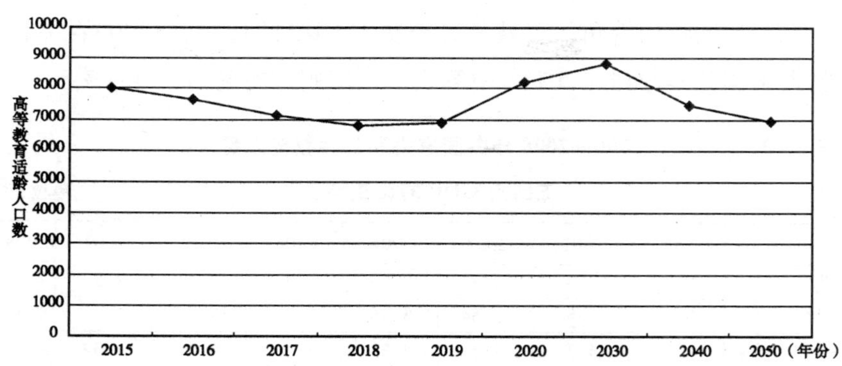


**图3－4　2015—2050年主要年份高等教育适龄人口数（单位：万人）**

资料来源：2015—2019年数据来源于：高书国：《21世纪初中国高等教育大众化水平预测与分析》，《教育发展研究》2002年第4期；其他年份数据来源于：中国教育与人力资源问题报告课题组：《从人口大国迈向人力资源强国》，高等教育出版社2003年版。

府对教育的财政支持数量，即政府有可能支付的教育经费和高等教育经费。我国政府虽然在观念上历来重视教育的发展，但是在财政支持上，力度仍显不够，在整个财政蛋糕的分配中只占很小一部分。虽然我国1993年在《中国教育改革和发展纲要》中提出，国家财政性教育经费占GDP的比例到2000年达到4%，但是，一直到2012年才达到。历年来的国家财政性教育经费占GDP的比重如图3－5所示。

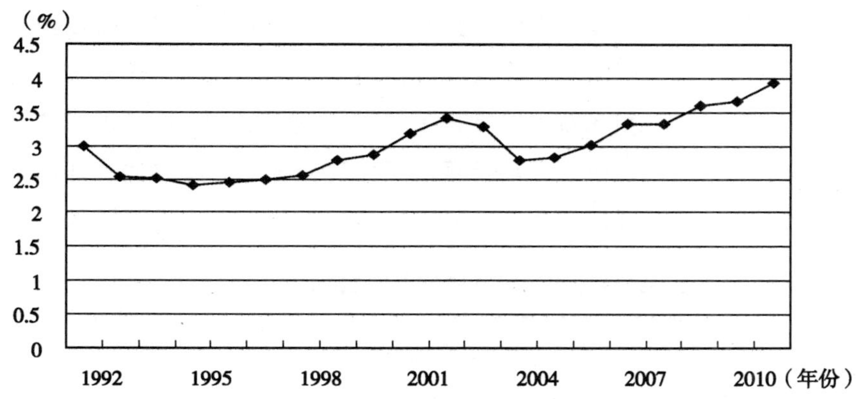


**图3－5　1992—2011年我国国家财政性教育经费占GDP的比重变化情况**

从国际比较的视角，公共教育经费占 GDP 的比重，2000 年以来，高收入国家基本超过了 5%，中等收入国家则基本超过了 4.1%。

**表 3-2　2000—2008 年各国家类型公共教育经费支出占 GDP 的比重情况**

单位:%

| 年份 | 2000 | 2001 | 2003 | 2004 | 2005 | 2006 | 2007 | 2008 |
|---|---|---|---|---|---|---|---|---|
| 世界平均 | 4.17 | 4.4 | 4.7 | 4.59 | 4.6 | 4.57 | 4.53 | 4.45 |
| 高收入国家 | 5 | 5.5 | 5.54 | 5.46 | 4.93 | 5.26 | 5 | 5.37 |
| 中等收入国家 | 4.09 | 4.3 | 4.5 | 4.35 | 4.44 | 4.24 | 4.09 | 4.34 |
| 其中：印度 | 4.4 | 缺 | 3.26 | 3.76 | 3.23 | 缺 | 缺 | 缺 |

资料来源：中华人民共和国国家统计局编：《国际统计年鉴》（2011），国家统计局网站，http：//www.stats.gov.cn/tjsj/qtsj/gjsj/2011/。

因此，总体上来说，我国政府对教育的投入是较为不足的，当然高等教育经费也不例外。除了各级各类教育总经费不足外，虽然我们也看到目前我国财政性教育经费在高等教育中所占的比重较大，但是这与世界平均水平不符，也与教育发展规律不符，因此，我国财政性教育经费在各级各类教育中的分配也是极其不合理的。这些无疑会影响高等教育规模的发展。

4. 政府动员、筹措高等教育经费的能力

高等教育与义务教育不同，它是一个更偏向于私人产品的准公共产品，再加上收益较高等因素，因此，高等教育成本分担也就在情理之中。目前，除了政府和学生共同分担高等教育成本外，还有一些企业团体和个人也分担了部分高等教育成本。随着 1997 年高校并轨开始收取学杂费之后，政府在动员筹措其他社会资金的能力似乎并没什么变化，并且有下降的趋势。下表为普通高校总收入的来源情况。

**表 3-3　1998—2010 年我国普通高校收入来源情况（单位:%）**

| 普通高等学校经费来源 / 年份 | 总计 | 国家财政性教育经费[1] | #预算内教育经费[2] | 社会团体和公民个人办学经费 | 社会捐赠经费 | 事业收入[3] | #学费和杂费 | 其他教育经费 |
|---|---|---|---|---|---|---|---|---|
| 1998 | 100 | 64.94 | 61.00 | 0.28 | 2.09 | 0 | 13.31 | 19.38 |
| 1999 | 100 | 62.53 | 59.63 | 0.46 | 2.28 | 0 | 17.04 | 17.69 |
| 2000 | 100 | 58.16 | 55.23 | 0.72 | 1.66 | 0 | 21.09 | 18.37 |

续表

| 年份 \ 普通高等学校经费来源 | 总计 | 国家财政性教育经费[1] | #预算内教育经费[2] | 社会团体和公民个人办学经费 | 社会捐赠经费 | 事业收入[3] | #学费和杂费 | 其他教育经费 |
|---|---|---|---|---|---|---|---|---|
| 2001 | 100 | 54.24 | 51.95 | 1.56 | 1.48 | 0 | 24.21 | 18.50 |
| 2002 | 100 | 50.55 | 48.68 | 2.23 | 1.87 | 0 | 26.26 | 19.09 |
| 2003 | 100 | 47.91 | 46.02 | 3.44 | 1.46 | 0 | 28.83 | 18.36 |
| 2004 | 100 | 44.73 | 42.78 | 5.8 | 0.96 | 0 | 30.73 | 17.78 |
| 2005 | 100 | 42.77 | 41.03 | 7.06 | 0.83 | 0 | 31.05 | 18.28 |
| 2006 | 100 | 42.86 | 41.09 | 7.92 | 0.66 | 41.65 | 29.18 | 6.92 |
| 2007 | 100 | 43.98 | 42.77 | 0.88 | 0.75 | 46.74 | 33.66 | 7.65 |
| 2008 | 100 | 47.59 | 46.19 | 0.72 | 0.68 | 44.28 | 33.68 | 6.73 |
| 2009 | 100 | 48.75 | 47.17 | 0.71 | 0.56 | 43.46 | 33.16 | 6.51 |
| 2010 | 100 | 52.78 | 49.45 | 0.49 | 0.54 | 40.32 | 30.49 | 5.87 |

以上几点可以用 N = F（E，P，B，A）这样一个函数关系式来表示，它表示国家对教育的需求与国家的经济发展状况、适龄人口数量、政府的偏好、政府的能力有着某种函数关系，它随着国家的经济发展状况好转、适龄人口数量增多、政府对教育的偏重、政府动员筹措高教经费的能力提高而增加。

（二）个人的高等教育需求

高等教育的社会需求最终反映在个人对高等教育的需求上。因此，作为高等教育规划而言，还必须考虑影响个人（家庭）对高等教育需求的因素。这些因素包括很多方面，既有精神的，又有物质的。由于高等教育需求是一种有支付能力的需求，因此我们着重从经济上分析其影响因素。具体来说，主要包括以下几个方面。

1. 消费者的货币收入水平及由此决定的消费支出结构

一般来说，在其他条件不变时，消费者的货币收入水平越高，则对商品的需求量越大。反之，则越少。消费者对商品的购买需求与其货币收入水平正相关。之所以如此，是因为消费者的货币收入水平越高，意味着其支付能力越大。城市对教育需求量比农村大，就是因为中国目前城市的收入比农村高。除此之外，居民的消费支出结构也影响着居民对高等教的需求。一般情况下，恩格尔系数越低，人们对高等教育的需求就会越高。下图为1978—2011年全国城乡恩格尔系数变化情况。恩格尔系数能反映出居民的生活水平。全国城乡平均恩格尔系数数据是根据历年城镇和农村恩格尔系数的值，分别与历年的城镇人口和农村人口比重相乘所计算出来的。

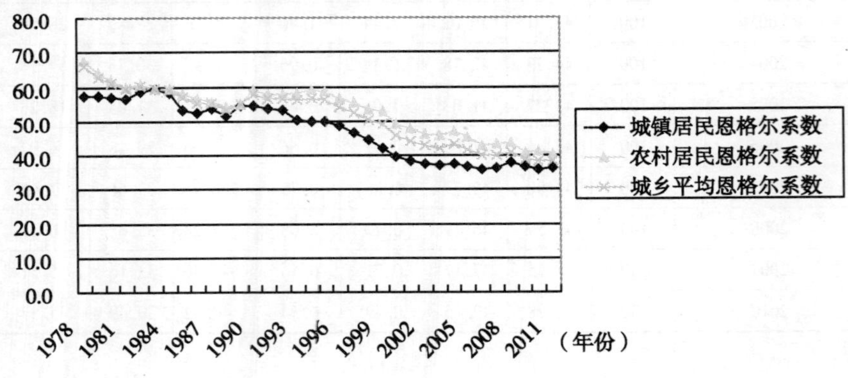


**图3-6 1978—2011年我国城乡恩格尔系数变动情况**

2. 高等教育的价格及其收益率

这里的高等教育价格即指培养成本（包括直接成本和机会成本）。高等教育价格对个人（家庭）的高等教育需求可以用需求定律来表示：在其他条件不变时，个人（家庭）的高等教育需求量随需支付的价格的提高而减少，随着价格的降低而增加，需求量总是与价格的变化负相关。国内外许多学者都曾经对高等教育的学费弹性做过研究，如表3-4所示。

**表3-4 关于对学费的反应的研究**

| 研究者 | 样本 | 每100美元学费变化对入学率的影响 |
|---|---|---|
| 科拉兹尼等（Corazzini et al.，1972） | 全国横截面数据 | 0.62 |
| 霍普金斯（Hopkins，1974） | 州横截面数据 | 0.75 |
| 巴纳德（Barnes，1978） | 学生个体 | 1.53 |
| 拉德内和米勒（Radner and Miller，1975） | 学生个体 | 0.05 |
| 罗恩等（Kohn et al.，1974） | 学生个体 | 0.92 |
| 霍依耐克（Hoenack，1967） | 高中学区 | 0.71 |

续表

| 研究者 | 样本 | 每 100 美元学费变化对入学率的影响 |
|---|---|---|
| 霍依耐克和韦勒（Hoenack and Weiler，1975） | 学生个体 | 1. 46 |
| 斯拜思（Spies，1973） | 学生个体 | 0. 05 |
| 坎贝尔和西格尔（Campbell and Siegel，1967） | 时间序列数据 | 0. 2 |
| 比绍普和范代克（Bishop and Van Dyck，1977） | 学生个体 | 0. 9 |

资料来源：McPherson M. ，*The Demand for Higher Education*，In：Breneman D. W. ，Finn C E. （eds. ）. *Public Policy and Private Higher Education*，Washington，DC：Brookings Institution，1978，p. 181。

麦克弗森（Mcpherson，1978）关于学费比例变化的影响所做的研究告诉我们相似的结论。总结中所涉及的研究都认为，学费的确对入学率有所影响。其幅度大约是，对应于学费变化每 100 美元，入学率将变化约 0. 8 个百分点。如果将其转换为弹性系数，则入学率的学费弹性约为 0. 3（麦克弗森，1978：181）。由于学费仅占学生未来收入的一个部分，这个较低的数值在直觉上是合理的，而且确实也与范围在 1. 0—2. 0 的需求弹性是一致的。并且当我们对不同收入人群组和不同价格水平衡量需求价格弹性时，将会看到下列预期结果，即收入水平最高的 25% 的家庭的需求弹性要比收入水平最低的 75% 的家庭的需求弹性小得多。教育价格越高，需求弹性越大（格特勒和格卢韦，Gertler & Glewwe，1989）。

随着所需支付的高等教育价格的升高，人们接受高等教育的需求随之下降。如果视高等教育支出为一种投资，个人支付高等教育成本是为了将来获得较大的收益，因此，高等教育收益率高低也会影响到人们对高等教育的需求。当然，这里的收益，既包括经济的也包括非经济的，既有精神的又有物质的。尽管目前大学毕业生的就业情况、起薪并不是很乐观，学习成本也比较高，但是，由于我国有重视教育、“望子成龙，望女成凤”的文化和思想传统，因此，人们对高等教育的需求似乎是刚性的，弹性极小。如图 3 -7 所示，近几年我国普通高校和成人高校的学杂费都在不断上升，但是高等教育在校生数却在不断增加。这除了我国的教育、思想传统外，还有以下非常重要的一个原因，即收入弹性大于学费弹性。

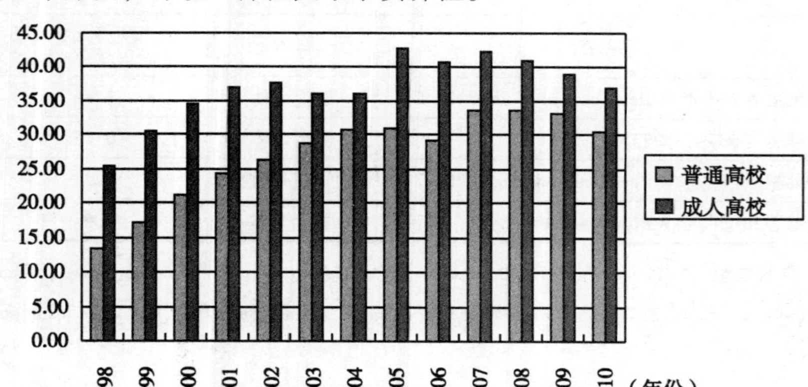


**图 3-7　1998—2010 年我国普通高校和成人高校收入中学杂费比重的变动情况**

众多经济学界的研究成果表明，学费的攀高虽然对升学需求产生一定的负效应，但影响很小。与学费相比，家庭收入对升学需求的影响要相对大一些，所以造成了我国目前虽然学费上涨，但是校园里的学生不仅没有丝毫减少，反而不断增加的状况（李慧琴，2005）。"中国大学生调查"也得到同样的结论：从学生的高等教育需求对学费和家庭年收入的弹性看，在学费上涨五种不同幅度时，就整体而言，由于收入弹性在数量上要大于学费弹性，因此在其他因素不变的条件下，如果学费按家庭年收入相同的增长幅度同步上涨，则由学费上涨所造成的对学生入学的消极影响可以完全被由年收入的增长所产生的积极影响所抵消，因此最终不会对学生继续上学的可能性产生影响①。因此，家庭收入因素对人们高等教育需求的影响比学费因素的影响要更大。因此，虽然学费也是影响高等教育需求的一个因素，但在本书中不予考虑。

① 据陆根书的研究，学费弹性为 -0.288—-0.045 之间，而收入弹性则为 0.048—0.341。详见：陆根书、钟宇平《高等教育成本回收的理论与实证分析》，北京师范大学出版社 2002 年版，第 131 页。据李慧琴对云南高校学生的研究，得出学费弹性为 -0.202—-0.11，收入弹性为 0.062—0.211。详见李慧琴《高校学生付费能力及意愿的实证研究——云南省高校案例》，《北京大学教育评论》2005 年第 2 期。

3. 消费者的偏好

不同偏好的消费者对相同的消费品有着不同的消费需求。表现在对高等教育的需求上，由于消费者所处的环境不同或受教育程度的不同，消费者会产生不同的消费倾向。例如，受教育水平较高的家庭对高等教育的需求一般要比受教育水平较低的家庭要高，而从环境方面来说，就是“状元乡”和“状元村”的居民对高等教育的需求要比其他同级地区高。

## 二　高等教育的供给方

然而，社会和经济发展以及人们对高等教育的需求，仅为高等教育规模提供了一个发展的空间；高等教育发展规模的规划，还要考虑高等教育的供给能力及其影响因素。

高等教育机会主要由政府、企业、社会团体或个人举办的高校提供，高等教育机会的供给量一般取决于经济负担能力的大小，取决于教师资源数量的多少，取决于办学条件的充裕与否，因此，虽然，凯恩斯定律认为“需求能创造出自己的供给”；但是，对于高等教育规划而言，我们在确定高等教育发展规模时，还必须考虑到高等教育目前和未来的供给能力。这些因素涉及人、物、财三个方面，主要包括教职工、办学条件及其经费的供给问题。

### （一）现有的高等教育师资水平和数量及未来可能的供给情况

高等教育的供给量，受制于师资水平和数量。师资队伍建设既有要达到一定数量以保证高等教育事业发展目标实现的问题，也有素质提升促进教育质量提供的问题。经相关性检验，教师数与学生数之间的相关系数达到了0.95，说明确实教师数与学生数之间存在很强的因果关系。

高等教育师资的稀缺程度，我们可以用生师比这一指标来衡量。如果生师比较低，则说明师资还较为充足，高等教育规模还有发展的空间，增加供给量还有较大的可能。如果生师比高，师资短缺，高等教育供给量的增加就较为困难。扩大高等教育供给量，需要增加师资。但由于高校师资培养的周期较长，师资数量的增加则不可能是剧烈的。师资队伍数量的稳定和增加依赖于师资队伍的吸引力，依赖于教师的社会地位和经济地位，师资队伍质量的提高更需要以教师地位的不断提高为基础。如下图所示，1992—1998 年我国普通高等教育生师比一直比较低；然而自 1999 我国高校大规模扩招以来，普通高校的生师比逐年攀升，到 2006 年已经达到了 17.8 : 1，大大超过了 OECD 国家平均水平（2001 年为 16.5，2003 年为 14.9，2004 年为 15.5①），随后一直维持在 17.3 左右。由于目前我国高校教师的工资、待遇、福利相对比较好，而且又比较稳定，吸引力还是相当大的。虽然高校教师的培养需要一个周期，但目前高校教师对海外留学生的吸引力也是蛮大的。因而从未来供给来看，高等教育的师资问题并不会构成高等教育规模发展的瓶颈。也就是说，高校教师的供给应该不存在很大问题。尽管如此，笔者认为，高等教育专任教师数仍是高等教育发展规划中需要考虑的因素。

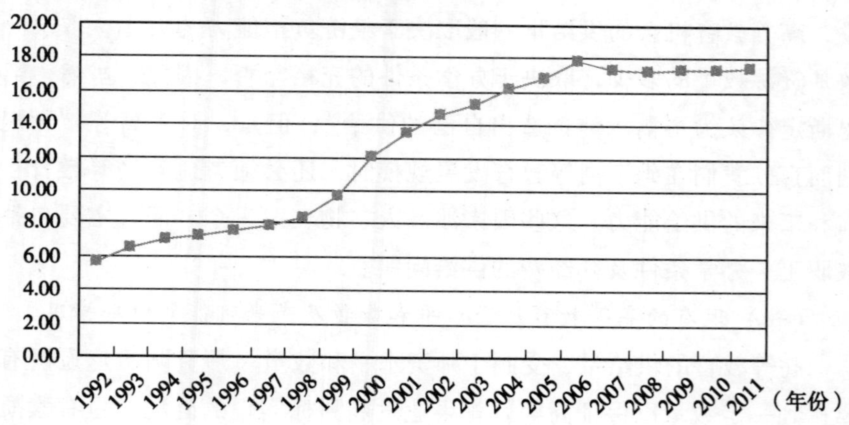


**图 3－8 1992—2011 年我国普通高校生师比变动情况**

资料来源：2004 年之前的数据：中华人民共和国教育部：《全国教育事业发展统计公报》（1992—2003）；2004 年之后的数据：《中国统计年鉴（2012）》，中国统计出版社 2012 年版。

### （二）高等教育现有办学条件和规模

高等教育办学条件主要包括校舍（包括教学与体育设施）、教学

① OECD, *Education at a glance 2003—2006* [R]. Paris: OECD, 2003—2006.

设备、科研仪器设备、图书等。高等教育现有规模决定着高等教育供给量的基数，现有高等教育规模的大小决定了所提供的人才培养数量的大小和高等教育机会的多少。高等教育的现有规模是相对国家的经济状况和高等教育需求而言的，现有规模的扩大、结构的调整、质量的提高与稳定等都是一个渐进过程，当社会和个人对高等教育的需求迅速扩大时，高等教育也限于现有基础和规模很难迅速做出反应，不可能以数量上的激增来满足和迎合骤升的需求；当社会和个人对高等教育的需求量迅速减少时，高等教育供给也不可能迅速下调。同样，当高等教育需求的层次结构发生变化时，高等教育供给的结构调整也保持一种稳定性和迟缓性。高等教育供给量的变化和调整，总是在构筑一个平台并维持一定时期，有了进一步调整的基础之后，才有更大的变化。所以对高等教育供给的数量突增的预期需要以科学的战略研究为基础，提前做出供给量的调整，从长远发展的角度进行决策。

（三）未来有可能获得的高等教育经费

以上“人”、“物”两方面的供给，最终需要“财”——经费的支撑。我国历年的政府财政收入如下图所示。

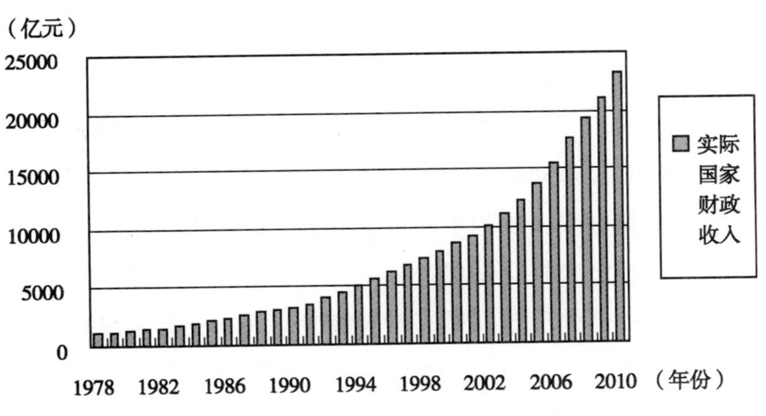


**图 3-9　1978—2010 年我国实际国家财政收入变动情况**

的确，高等教育的经费既有来自于政府部门的，又有来自于个人所支付的高等教育费用和社会团体所捐赠的善款。因此，虽然社会经济的发展水平及由此决定的政府财政支付能力对高等教育的供给非常重要，但是政府动员和筹措高等教育经费的能力也非常重要。这个方面已在上文提及。

(四) 未来的高等教育资源利用效率

可以说，任何经济状况国家的高等教育资源都是相对有限和稀缺的，因此，高等教育资源利用率的高低，在一定程度上影响其资源的稀缺程度。如果高等教育由于在资源的相对价格与资源的稀缺程度之间，在使用有限高等教育资源的代价与资源使用者利益之间存在一种扭曲的偏差，则会在一定程度上促进一些高校不经济地使用有限资源的行为，从而造成高等教育资源消耗系数的偏高和整个高等教育资源利用率的低下，进而加剧高等教育资源短缺对高等教育供给增长的限制。我国高等教育资源的开发和利用还有一定的空间，充分挖掘、开发潜在的高等教育资源，如各地市，特别是经济实力较强的发达地区有许多高等教育资源可以利用和挖潜，民间有较强高等教育投资意向和较大的财力，这些高等教育潜在资源的开发和利用可以增加高等教育供给。

(五) 未来的高等教育需求

高等教育供给受高等教育需求的影响，在一定时期内，社会和个人的高等教育支付能力是有限的，其高等教育需求也是有限的，所以高等教育供给量的增加也受到制约。在计划经济时期，高等教育需求对高等教育供给增长的约束，不是表现为需求的不足，而是表现为需求过旺。表面来看，高等教育需求过旺好像是刺激高等教育供给的增长，但由于计划经济时代高等教育资源的有限性和高福利性而出现高等教育需求持续过旺，制约了高等教育发展的动力与活力，限制了高等教育供给。经济和社会发展过程中，高等教育需求影响着高等教育供给，经济和社会的迅速发展，对高级专门人才的需求量增加，从而促进高等教育供给，正如联合国教科文组织编著的《学会生存》所说，“巨大的经济运动总是伴随着教育上的扩展的。今天的许多事实证明，经济发展的要求和新的就业机会的出现强烈地激起了教育上的扩张”。[①] 第二次世界大战后世界各国经济的迅速发展对高级专门人

① 联合国教科文组织国际教育发展委员会：《学会生存——教育世界的今天和明天》，华东师范大学比较教育研究所译，教育科学出版社 1996 年版，第 55 页。

才的需求量骤增，推动了高等教育的扩张。

（六）未来的高等教育制度和政策

适应高等教育发展规律、具有前瞻性的高等教育决策和科学的管理制度会对高等教育的发展、增加高等教育供给具有促进作用，而落后的制度则会制约高等教育供给的增长。当一个国家存在着高等教育制度或体制缺陷时，即使不增加投入，仅通过教育制度创新或体制改革，便能在一定程度上推动高等教育的发展和高等教育供给的增长。高等教育制度和政策受高等教育理念的影响。高等教育发展的大众化教育理念，认为任何一个智力健全的公民都可以而且应该享受高等教育，主张高等教育的发展应以充分满足广大群众接受高等教育的需求为目标，这种高等教育理念决定了高等教育的决策和制度。主张高等教育大众化，则在制度决策时以充分满足广大人民群众的高等教育需求为目的，高等教育发展速度就会加快。第二次世界大战后，欧洲等国家的教育观念发生了较大变化，也承认"凡是能力和成绩合格并愿意修习高等教育课程的学生，应该有接受高等教育的机会"。[①] 这种观念极大地影响了高等教育制度或决策，以后的欧洲各国的高等教育有了较快的发展，高等教育入学率有了较大的提高，高等教育供给增长加快。比如主张高等教育是大众教育的美国，通过多种方式为广大群众提供入学机会，早在1970年高等教育入学率已达56%，到1991年高等教育入学率已达76%[②]，2004年高等教育毛入学率已经达到82%，基本上满足了任何希望进入高等学校门槛的公民的要求。总体而言，将高等教育视为大众教育的理念被越来越多的国家接受，这种理念影响着高等教育决策，最终影响高等教育供给。

以上这些影响高等教育供给的因素所发挥的作用是不同的，但又相互发生作用：高等教育的现有规模决定了高等教育供给的基数；师

---

① 郑继伟：《高等教育规划论》，杭州大学出版社1991年版，第80页。

② 世界银行：《1994年世界发展报告》，中国财政经济出版社1994年版，第217页。

资水平和数量、高等教育资源利用效率以及高等教育内部的管理和效率等因素则决定了高等教育供给的可能增加量；而高等教育需求、国家高等教育政策和制度以及高等教育理念则影响着高等教育供给要不要、能不能扩大的问题。

## 三　政治因素

不仅高等教育制度或政策会直接影响高等教育发展规模的规划，而且，就我国来说，整个社会的政治因素或政府政策也会直接影响高等教育发展规模的规划。从我国高等教育规模变化的历程分析中，也确实可以发现我国高等教育规模变化受政治因素的影响是最直接的，“高等教育受政策取向因素的影响远大于受战争和经济的影响”（米红等，2002，2003）①。下面两个表反映了我国高等教育招生规模和增长率受政治和政策等影响的情况。

下表反映了新中国成立以来主要政策取向决策与教育政策和普通高校在校生数变化及同期 GDP 变化的对应关系。

**表 3－5　　　政策取向与普通高校在校生数变化情况**

| 时期 | 普通高校在校生数平均增长率 | 同期 GDP 平均增长率 | 主要政策取向决策与教育政策 |
|---|---|---|---|
| 1952—1956 年 | 20.5% | 10.9% | 1952 年全国高校院校调整：“高等学校（高师院校除外）学生发展 18.9%，高师院校学生发展 87.5%”；“全国高等教育今后必须切实贯彻‘整顿巩固、重点发展、提高质量、稳步前进’的方针，大力扭转重量轻质，贪多冒进，要求过急的偏向”；“高等学校……今后应着重提高质量，同时兼顾数量，使提高质量和增加数量正确地结合起来” |
| 1957—1965 年 | 5.4% | 6.1% | “五年内，高等学校毕业生数要求达到 50 万人左右，比第一次五年计划约增长 80% 左右”；“1958 年高等学校计划招生人数为 10.9 万人”；“十五年普及高等教育”；“1961 年高等学校拟招生 25 万人” |

① 米红、刘海峰：《高等教育大众化发展模式的国际比较暨中国高等教育主要历史指标数值重建》，《理工高教研究》2002 年第 1 期。

续表

| 时期 | 普通高校在校生数平均增长率 | 同期 GDP 平均增长率 | 主要政策取向决策与教育政策 |
| --- | --- | --- | --- |
| 1966—1977 年 | 1.4% | 5.0% | “文革”时期，整个高校混乱无序；1966—1969 年停招四年；“高等学校招生，取消考试，采取推荐与选拔相结合的办法，选拔新生，必须坚持政策取向第一的原则” |
| 1978—1998 年 | 7.2% | 16.7% | “充分发挥现有普通高等学校的潜力，扩大招生规模，使 1985 年在校学生达到 140 万人左右”；“到 1985 年招生数达到 40 万人，在校生数达 130 万人”；“我们最大的失误是在教育方面，思想政策取向工作薄弱了，教育发展不够“；“高等教育规模基本稳定” |
| 1999—2001 年 | 32.7% | 8.2% | 高校开始大规模扩招；“采取多种形式，积极发展高等教育，扩大培养规模，保证教育质量” |

资料来源：米红、周仲高：《国家政策取向与高等教育之间互动关系研究》，《中国软科学》2003 年第 8 期。

叶平（1996）也对政治政策的影响做过分析。他根据新中国成立 40 余年来历史数据的统计分析，归纳出我国高等教育增长波动的几个特点。这些特点是：（1）高等教育规模增长速度是经济增长波动十分敏感的“指示器”和“响应器”。在招生管理依然维持着集中统一的体制下，高等教育规模的扩张和收缩受经济波动的影响极为显著，其波动周期也与经济增长波动周期大体相同。（2）高等教育规模增长速度的波动周期，大体上滞后于经济周期 1 年。即经济开始扩张的第二年，高教规模增长速度开始加快；经济增长速度落到谷底的第二年，高教规模增长速度才跌落谷底。（3）高等教育规模增长速度的波动幅度比经济波动大，震荡更为剧烈，表现出某种“波动放大器效应”。表 3 – 6 对比列出了改革开放以来普通高校在校生增长率与国民生产总值 GNP 增长率的波动幅度。①

① 叶平：《关于进行高等教育规模增长速度预警研究的探讨》，《高等教育研究》1996 年第 6 期。

**表 3－6　　　　普通高校在校生增长率与国民生产总值**
**GNP 增长率波动幅度对照**

| 在校生增长率波动周期 | 波峰值（%） | 波谷值（%） | 峰谷差（%） | GNP 增长率波动周期 | 波峰值（%） | 波谷值（%） | 峰谷差（%） |
|---|---|---|---|---|---|---|---|
| 1977—1982 年 | 37.0 | 10.6 | 26.4 | 1977—1981 年 | 11.7 | 4.4 | 7.3 |
| 1983—1987 年 | 22.0 | －9.8 | 31.8 | 1982—1986 年 | 15.3 | 8.5 | 6.8 |
| 1988—1991 年 | 5.5 | －0.9 | 6.4 | 1987—1990 年 | 14.4 | 3.9 | 10.5 |
| 1992—1995 年 | 19.0 | 6.8 | 12.2 | 1991—1995 年 | 14.0 | 9.5 | 4.5 |
| 均值 | 20.9 | 1.7 | 19.2 | 均值 | 13.9 | 6.6 | 7.3 |

无论从峰值、谷值还是从峰谷差的平均值观察，高等教育在校生规模增长速度的波动都显著大于 GNP 增长的波动，其中两者的平均峰谷相差高达 2.6 倍。我们从下两个图也可以看出，高等教育在校生数的增长幅度确实要高于人均 GDP 的增长幅度、高校教师的增长幅度及人口总数的增长幅度以及第三产业比重的增长幅度。与 GDP 增长率、第三产业比重等的波动相比，高等教育规模增长速度的波动属于幅度过高的异常波动。

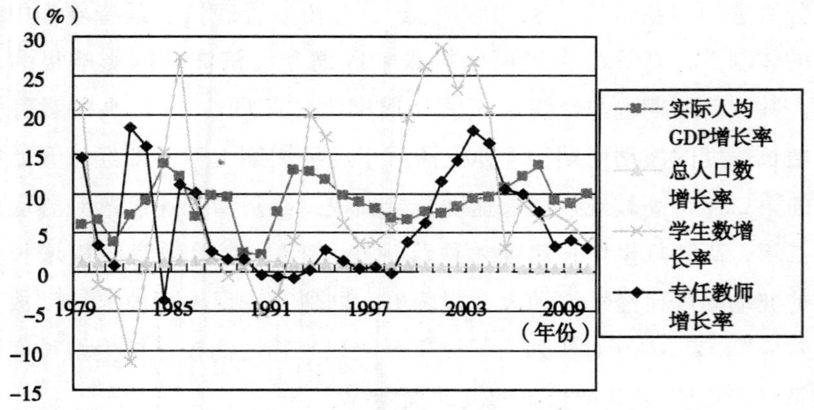


**图 3－10　高等教育本专科在校生数、教师数、人口数及实际人均 GDP 增长率波动幅度对比**

由于资源供给约束、消费需求约束、农业丰歉等原因，我国国民经济增长呈波浪式发展已经是客观存在的事实。从表面上看，高等教

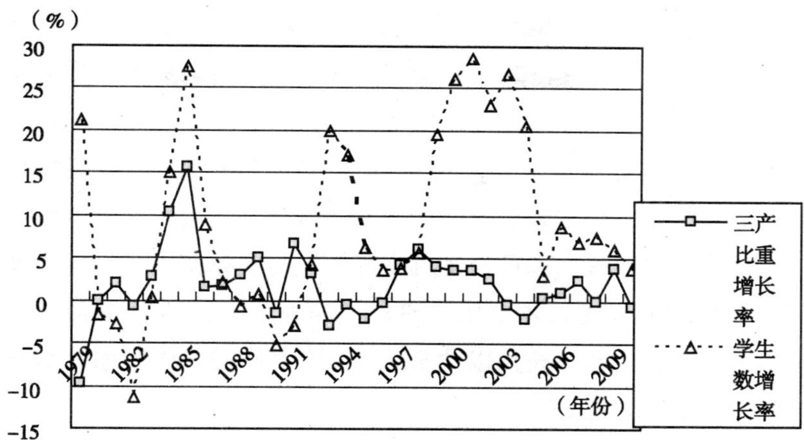


**图 3－11　本专科在校生数增长率与第三产业占GDP 比重的增长率的波动情况**

育规模增长速度的上述特点反映了它显著受到经济实力的拉动或制约，然而，还必须进一步分析其深层原因。清华大学国情研究院胡鞍钢博士认为，我国经济增长波动的根源主要来自于政治因素和行政手段。每次经济扩张期与各届党代会具有一一对应关系：1977—1993年共召开了四届党代会，形成了4次扩张期。高等教育规模增长速度的波动与此也有很大关系，它主要由在党代会的第二年（或当年）召开的全国高教工作会议的决策来拉动高等教育规模的扩张。表3－7列出了自1983年起，全国高教工作会议召开前后普通高校在校生增长率的变动状况。

**表 3－7　全国高教工作会议召开前后高校在校生增长率变动**

| 全国高教工作会议 | 召开年度 | 第一年 | 第二年 | 第三年 | 第四年 | 第五年 |
|---|---|---|---|---|---|---|
| 第一次 | 1950.6 | | | | | |
| 第二次 | 1983 | 4.6 | 15.7 | 22.0 | 10.4 | 4.2 |
| 第三次 | 1988 | 5.5 | 0.8 | -0.9 | -0.9 | |
| 第四次 | 1992.11 | 6.8 | 16.1 | 19.0 | 9.3 | |
| 均值 | | 5.6 | 10.9 | 13.4 | 6.3 | 4.2 |

资料来源：根据国家统计局《中国统计年鉴》历年数据统计。

从上表数据可以清晰地看到，除1989年后因政治风波使高等教育连续3年稳定规模外，高校在校生增长率均在全国高教工作会议召开的当年开始扩张，第二三年逐年攀升，第四五年进入收缩。每当全国高教工作会议提出了较大发展的动议后，各省市和各高校争相攀比，超计划招生，把“增长计划”迅速“放大”。然而，当国民经济处于收缩或调整阶段，国民经济对高等教育的支撑实力和投资力度下降时，企事业单位或人才市场传递出“毕业生分配难”的信息又被各地教育行政部门和学校加以“放大”，招生规模趋于紧缩，增长速率便滞后地滑落谷底。

由此看来，各阶段，尤其是1999年以来高等教育规模增长速度的“波动放大效应”主要来自于宏观管理体制方面。在我国各级各类教育中，周期波动如此剧烈的恐怕只有高等教育。这对高等教育的持续、稳定发展显然极为不利。它不利于提高高等学校的办学效益，更不利于在转变经济增长方式的大局下努力转变高等教育自身的增长方式。因此，在当前高等学校尚未完全建立起主动适应社会主义市场经济需要的自我发展、自我约束运行机制时，更需要从宏观上进一步强化调控的手段。其中有效方法之一是加强对异常波动的研究和监控，建立高等教育规模增长速度的宏观预警系统，未雨绸缪，及时有效地预报可能发生的异常波动，使今后的“增长计划”不至于再次成为下一次异常波动的源头。

虽然在我国，政治政策因素对高等教育规模的影响确定无疑，而且影响巨大；但是，由于政治对高等教育发展的影响更多是随机性的，并无规律性可寻，因此，在高等教育规模的规划和预测中似乎不太可能定量地考虑到这一因素，除非我们可以预测出未来的有关领导人及其思想观念和政策取向，但那是绝对不可能的。在这里，我们提出，政治因素在高等教育发展中的这种影响力，主要是为了给定量预测提供更大的机动空间和波动范围。因此，在第五和六章，回归和预测未来我国高等教育规模变化所需的变量时，本书并未考虑政治因素对高等教育规模规划的影响；排除政治因素的模型旨在寻找一个理想化的、理性的模型。

总之，笔者认为，高等教育规划应该是理性的，应该从系统地考虑高等教育的需求和供给出发，适当考虑政治因素，但是高等教育规划本身不应该有政治博弈。但是，其实在制定高等教育规划的过程中，仍然很难避免政治博弈的存在，如在制定学生学费、教师工资、政府有可能提供的教育资源以及高等教育投资的比重等方面都会涉及各利益集团的利益，在预测和规划时也许已经下意识地考虑进去。此外，笔者认为，不应当仅仅是为了经费的预决算而进行高等教育规划。我国最初的许多教育规划基本上都是主要考虑财政对教育的支撑能力，基本上是以政府为配置资源主体的规划①。也就是说，主要考虑政府的资源配置和经费供给能力来进行教育规划。国内许多学者在分析教育规划时，也是侧重于对教育经费的预测（彭卫红，1993；贾积有，1994）。因此，综上所述，当我们进行高等教育发展规划时，应该从高等教育的需求和供给两方面出发，并适当考虑政治因素，综合考虑以上各方面的影响因素，从而确保高等教育规划的科学性、适用性、实用性和可操作性。

## 本章小结

本章在对上一章所提出的五种规划方法进行评述的基础上，提出了高等教育规划应该坚持将人力需求法与社会需求法相结合，并在成本收益分析的基础上进行教育资源的配置。

随后，本章提出对于高等教育规模的规划而言，应坚持从分析供需出发，运用系统分析和因素分析的方法，全面深入地分析影响高等教育供给和需求的各方面因素。考虑到我国的具体实情，书中提出，在此基础上，还要适当地考虑政治因素。

---

① 国家教育发展研究中心战略室整理：《内地与香港“教育政策研究与规划研讨会”综述》，http：//www. moe. edu. cn/moe-direct/fazhanyjzx/193. htm。

# 第四章　高等教育规模预测的方法

一般情况下，我们可以用高等教育招生数、毕业生数及在校生数这三个变量来描述高等教育的学生状况。有了招生数，就可以计算出毕业生数和在校生数，因此，如第二章所述，高等教育规划的焦点是如何从高等教育的现状出发，结合社会、经济发展所能提供的条件和需求，确定规划周期内切实可行的逐年招生数，从而确定高等教育发展的速度和规模。[①] 对此，国内外许多学者均认同。汤普森（Thompson，1961）认为，为了规划未来的高等教育，必须要知道高等教育的入学规模[②]。对于入学人数预测的重要性，埃文科（William Evanco，1976）也做了总结："教育规划系统的一个重要工作就是学生入学人数的预测。如果我们要想给学生提供足够的校舍以及充足的教育资源，那么政策制定者就必须知道所预期的学生入学数量。"[③]

众所周知，未来是不确定的，我们不可能准确地预测未来。预测一般是根据历史资料和现实条件，以主观的经验和教训，用特定的方法推测事物的未来变化。经过多年的发展，经济社会发展的预测逐渐成为一门专门的学科，"到目前为止，预测学已提供了 200 多种预测方法，从总体上说，这些方法可以归结为结构化预测和非结构化预测两大类。"[④] 结构化预测主要借助物理或数学方法建立定量化模型进

---

① 杨晓青、管西亮、秦昌威：《教育规划理论与实践》，中国大百科全书出版社 2006 年版，第 22 页。

② Thompson, Ronald B., "Higher Education, 1978: An Enrollment Forecast", *Educational Research Bulletin*, Vol. 40, No. 8, 1961, p. 202.

③ Evanco, William, "Multinomial Logistic Enrollment Models: Application to Iraqi Primary Education", *Educational Planning* 3, Oct., 1976, p. 53.

④ Blaug M., *An Introduction to the Economics of Education*, London: Allen Lane, 1970.

行，用得较多的有确定性模型、回归预测模型、马尔科夫预测法、灰色预测法等；非结构化预测主要通过定性分析和经验判断给出预测结论，常用的有专家会议法、德尔斐预测法、交叉影响分析法等。因此，通过分析、检测研究未来和整合因素的方法，也许我们可以减少这种不确定性。高等教育规划的基础在于高等教育招生数（或在校生数）的准确预测。当然需要指出的是：在制订规划时，不可避免需要应用大量的数据和模型，但是要切记，它们的应用只是为了提高判断、分析和决策的精确性，预测的实质是为未来的决策提供数据参考和依据。

## 第一节　相关文献综述

有关高等教育规模预测和规划的研究，角度众多。综合过去的研究，主要有以下几个代表性的研究范式：（1）从经济学的维度分析经济增长与高等教育规模之间的关系；（2）从政治学的维度研究政治因素与高等教育规模之间的关系；（3）从文化学的维度分析文化传承与发展同高等教育规模之间的关系；（4）从人口学的维度分析人口变化与高等教育规模之间的关系。在这 4 种研究范式中，各种研究范式都有不少定性或定量的研究，并取得了不少有启发性的成就。

有关高等教育招生数或在校生数的具体预测问题，国内外许多学者都做过研究。现将我国学者的一些相关研究综述如下，国外学者的一些研究将在第二部分中提及。

从新中国成立到 80 年代末期，虽然也有一些关于高等教育规模预测的研究，但凤毛麟角、为数不多。进入 20 世纪 90 年代以来，学者们对我国高等教育发展规模与速度的预测提出了多种看法，比较有代表性的观点如下。

曾在教育部主持过教育规划工作的周贝隆研究员在比较了 25 国人均 GNP 和高等教育毛入学率的关系后，预测 2050 年我国高等教育毛入学率达到 30% 是较为合适的。为了达到这个目标，他提出高等教育发展速度与经济增长速度应保持2∶3的比例。[①]

上海理工大学朱佳生、孙绍荣研究发现，高教入学率与人均GNP的关联度最高，经济结构（三次产业结构）对高等教育入学率的稳定值影响显著。1993年，他们预测：21世纪最初的十年，我国高等教育以年均增长4%—5%的发展速度较为适宜，到2010年，我国高等教育毛入学率可望达到12.6%—12.8%。[②]

世界银行“部门研究”考察团1993—1994年考察和调研了中国高等教育，在对中国经济、人口、高等教育经费、高等教育结构等方面进行分析之后，他们提出了1994年以后中国高等教育发展规模与速度的两个方案：（1）逐步增长。在校生人数以历史上年均7.6%增长，到2000年，高等教育毛入学率将达到5%，2010年将近8%，2020年将近19%。（2）快速增长。在校生数的增长与历史上的平均增长率9.8%相同，到2000年，高等教育毛入学率将达到5.5%，2010年将近11%，2020年将为25%。[③]

上海智力发展研究所1999年在权衡各种发展的需要与可能的基础上，提出了1999年后我国高等教育发展规模与速度的三个方案：（1）低方案，本专科生和研究生总规模年均增长3.6%，到2010年达到980万到985万人的原定目标，高教毛入学率达11.3%；（2）中方案，总规模年均增长5.3%，到2010年总规模达到1200万人，高教毛入学率达到13.3%；（3）高方案，总规模年均增长6.0%，到2010年总规模达到1300万人，高教毛入学率达15%左右。[④]

1999—2001年三年大扩招后，针对扩招的形势，上海教科院发展研究中心2002年提出了一个方案：2010年，全国高等教育在校生

① 周贝隆：《高教发展规模的战略选择》，《高等教育研究》1996年第2期。

② 朱佳生、孙绍荣：《2010年中国高等教育发展数量目标研究》，载郝克明，谈松华《走向21世纪的中国教育》，贵州教育出版社1997年版，第156页。

③ 世界银行《中国高等教育改革》编写组：《中国高等教育改革》，许琳、孙玲、教育部财务司译，中国财政经济出版社1998年版，第124页。

④ 上海智力开发研究所：《教育发展形势专题分析》，《教育发展研究》1999年第4期。

数达到 2500 万人左右，使高等教育毛入学率上升至 23%—25%；2020 年，高等教育在校人数将达到 4200 万人左右，使高等教育毛入学率上升到 40%；2030—2035 年间达到 50%，进入高等教育普及化阶段。①

中国教育与人力资源报告《从人口大国迈向人力资源强国》也表达了大致相同的看法：2001—2010 年按高校招生年增长率 3%—4% 测算，到 2010 年我国各类高等教育在校生总规模将达到 2600 万人左右，毛入学率达到 23%；2020 年各类高等教育在校人数达到 3300 万人，高等教育毛入学率将达到 40%。②

高等教育的发展现实检验了学者们的预测结果：扩招之前，不少学者的预测是不准确的，有的与现实相距甚远；扩招之后，不少学者的预测研究相对比较接近当前现实，但仍有较大差距。高等教育在校生数预测的难度很大程度上是由于不同时间段的学生流之间进行转移的不确定所引起的。这一转移系数是随着时间而不断发生变化的。③高等教育规模的预测存在很多的不确定性。这都说明要对未来高等教育发展规模与速度作出准确的预测是一件十分困难的事情。然而，这并不能构成我们袖手旁观、不做预测的理由。古人云："预则立，不预则废。"可靠的预测方法、确切的预测指标和复杂的计算模型可以有效地减少在校生数预测值的难度和不确定性因素。那么，如何才能使预测尽可能地更为准确呢？

众所周知，预测的科学性在很大程度上取决于正确选择科学的预测方法。预测技术发展至今已形成了众多的方法，据不完全统计就已达 150 种以上。有关预测技术和方法的具体分类，不同的学者有不同的观点。但引用最多的当属汤姆普罗斯（Thomopoulos）的分类方法，

① 上海市教科院发展研究中心：《中国高校扩招三年大盘点》，《教育发展研究》2002 年第 9 期。

② 中国教育与人力资源问题报告课题组：《从人口大国迈向人力资源强国》，高等教育出版社 2003 年版，第 106、110 页。

③ OECD, *Mathematical Models for the Education Sector: A Survey*, Education and Development, Technical Reports, Paris France: OECD, 1973, p. 83.

根据汤姆普罗斯（1980）的分类，预测技术和方法可以分成三类：定性预测、因果（回归）预测和时间序列分析。定性预测是在缺乏有效的历史数据的情况下，主要依赖于价值判断和一些调查及访谈等方法。定性方法有：基于市场调查的调查分析法、基于专家意见的德尔菲法，以及建立在相似事件基础上的类推法、类比法等。因果（回归）预测寻求的是影响预测的不同变量间的因果关系。时间序列分析则是用历史数据的统计分析进行预测，其基本假设前提是过去的趋势会一直持续到未来，具体包括时间序列分解分析法、移动平均法、指数平滑法、趋势外推法、自适应过滤法、博克斯—詹金斯法、灰色预测法、状态空间模型和卡尔漫滤波、人工神经网络等。而后两种方法我们也可以归结为定量方法。定量预测通常可按如下步骤进行：

（1）明确预测对象和目标。

（2）进行系统分析并确定相关因素。

（3）收集必要的数据并进行预处理。

（4）选择数学模型。

（5）估算参数。

（6）计算并进行评价分析。

（7）重新进行参数估算后再进行评价分析。

（8）修改模型或重新选择模型后再测算。

其中，对目标预测的准确性具有关键影响的有两步：一是模型的选择，这直接决定预测的准确与否，不同类教育、教育发展的不同阶段可能需要选择不同的预测模型；二是参数的估算，模型选定后，影响预测结果的主要因素是参数的估算是否合理。

虽然预测技术和方法繁多，但在诸多领域的预测中，其实所用的一些方法都比较集中，大多用时间序列预测中的外推法和计量方法。如表 4－1 所示。

**表 4－1　各专业领域所运用的预测方法**

| 领域 | 方法 | 实证研究 |
| --- | --- | --- |
| 人口统计学 | 计量法 | 是 |

续表

| 领域 | 方法 | 实证研究 |
| --- | --- | --- |
| 经济 | 计量和外推法 | 是 |
| 财政 | 外推和分割法 | 是 |
| 销售、营销 | 计量法 | 是 |
| 人事 | 计量和分割法 | 是 |
| 产量 | 分割 | 是 |

资料来源：Mohamed Youssef Hassan，"Computer Models for Enrollment Forecasting：A Management Science Approach"，Phd Thesis，*University of Pittsburgh*，1979，p. 15。

因此，如同其他社会科学领域一样，在教育领域一些有关规模的预测中，所应用的入学人数的预测技术要远远落后于预测技术本身的发展，往往也只涉及其中几种。

## 第二节 高等教育规模定量预测的现行常用方法

我们在进行教育规划过程中，非常关键的就是要进行高等教育招生规模和速度的预测。瓦希克（Wasik，1971）将入学人数的预测模型分为三类：[①]（1）外推模型，即用历史数据进行线性外推或是利用线性回归方程来预测入学人数；（2）学生流模型，即用不同的方程估计个体在教育系统中的流动；（3）马尔可夫链模型，即用转移矩阵的方法预测学生在不同学校之间的流动。

温（1974）[②] 指出，在高等教育入学人数预测中，已经使用了以下一些技术方法：简单平均、移动平均、指数平滑、指数模型、系统方程、马尔可夫转移模型、路径分析以及比例方法，等等。但不同的技术应在不同的情况下使用更为合适。像回归分析、曲线拟合方法广泛应用

---

① 转引自：Orwig，M. D.，Jones，Paul K.，Lenning，Oscar T.，"Enrollment Projection Model for Institutional Planning"，*Higher Education*，Vol. 1，No. 4，Nov.，1972，p. 436.

② Paul Wing，*Higher Education Enrollment Forecasting*：*A Manual for State Level Agencies*，Boulder，Colorado：National Center for Higher Education Management System at Western Commission for Higher Education，1974，pp. 86 -93.

于入学人数不断增加的时期；而平均方法则在入学趋势保持稳定时可以提供一个快速的大体估计；指数平滑模型由于 α 系数的最大值（large value）太容易受到最近变化的影响而主观性太强；比例方法又仅仅适用于当某一个学校在整个学生流中占有较大比重时。博克和金斯所创造的时间序列分析方法，由于其所需数据较少等优点，在入学预测中获得了广泛认可。博克—金斯模型包括以下几个主要步骤：运用历史数据来检测模型及其参数，运用各种诊断方法来检测模型的精确性并提出一个新的改进模型；用最终选择的模型来进行时间序列值的预测。当检测出是样本自相关（sample autocorrelation function，SAC）及样本偏自相关（sample partial autocorrelation function，SPAC）时，最终所选的模型就是 ARIMA（1，2，2）模型。对原始时间序列进行二次差分并进行对数转换，则 ARIMA（p，d，q）模型就定义 p 等于 1，q 等于 2。对于所有的参数，时间序列值都可以预测出来。

教育预测技术最有用的类型是由赫德森和布鲁诺（Hudson & Bruno，1978）提出的，可以表示为表 4－2。

**表 4－2 常用的几种教育预测方法**

| 基本方法 | 对教育规划的有用性 | 特征方法论 | | |
|---|---|---|---|---|
| | | 定量方法 | | 定性方法 |
| | | 确定性 | 或然性 | |
| 1. 外推：作为时间函数的预测模式 | 有用性差，特别是用于长期预测时更如此，不过，对发展中国家而言相对便宜 | 趋势分析<br>时间系列分析<br>简单回归 | 误差项计算灵敏度分析 | 德尔菲法 |
| 2. 相关法：详述影响模式的因素，考虑当前趋势中可能的突破 | 介于一般与好之间，但常与政策无联系 | 多元回归 | 贝叶斯分析<br>逻辑分析 | 情景构成<br>交叉影响分析 |
| 3. 行为系统模型化：考虑系统要素与关系的理论；通常包括服从政策控制的策略变量 | 最佳，但要有价格昂贵的计算机设备 | 建立经济计量模型 | 组群分析<br>计算机模拟 | 天才式的预测<br>快速联想 |

其中大部分方法是互为补充的，因为教育预测问题是靠均衡地应用客观数据（定量方法）与想象、直觉、专家判断（定性方法）而得到最佳解决的。因此，在实践中同时使用不同方法会产生一种对现实与未来展望的更具意义的憧憬。在“培训教育预测者”中，只能从实际应用科学教育预测技术中得到较少的教益。教育预测的基本准则仍然是辩证地使用定量与定性方法论，后者在保持科学的严肃性的同时，试图提高想象力和敏感性。赫德森和布鲁诺就曾指出：预测正变得更可及、更普及、更民主了；从而它也正变得更政治化，更是人们重大争论的焦点，在做选择上更有明辨力，更加成为我们文化中的一部分。

过去我国在高等教育规划和预测中，所使用的方法似乎并没有那么复杂。在教育领域的规模预测中，预测技术在入学人数预测中的应用要远远落后于预测技术本身的发展。教育部门似乎并没有足够的时间来开发充分的入学人数预测所需的技术及其数据基础，直到最近十几年发展得才比较快。

我国目前对高等教育规模的预测，基本都分为两个角度，即从人口和社会两个角度来进行教育需求的预测。从人口角度又可以有两种方法来预测高等教育规模：一是根据教育生命表技术推测的高中升学率和参考已知的政策参数推算；二是根据报考人数中的各类人员的比例、高中升学率、专科和本科分流等政策参数及最近年份的数据，并假定未来几年内这些政策参数保持不变。从社会角度，即运用人力需求法的思路来进行各级教育规模的预测，具体步骤如第三章所述。

具体来说，到目前为止，我国教育规划部门进行高等教育规模和速度的规划时所用的预测方法，往往采用趋势外推法以及学生流法，[①]主要考虑财政对教育的支撑能力，基本上是以政府为配置资源主体进行规划。而国内学者则更多的是利用回归分析方法或平均方法来预测高等教育的发展规模。具体阐述如下。

---

①　杨晓青、管西亮、秦昌威：《教育规划理论与实践》，中国大百科全书出版社 2006 年版，第 78 页。

## 一 时间序列分析法

如前所述，时间序列分析法包括趋势外推法、移动平均法、指数平滑法、马尔可夫链概率分析法、灰色预测法等。

趋势外推法是我国教育规划中最常用的一个方法。这种方法就是用历年的高等教育招生或在校生规模的绝对数或相对数，根据时间趋势进行外推。目前对高教需求的预测大多基于过去趋势的外推，而且大多数预测都仅囿于教育系统本身的过去、现状、问题等进行，缺乏与社会、经济系统的联系。趋势外推法有两个假设条件：一是假设决定过去发展的因素同样也决定着未来发展的趋势；二是假设预测对象的发展变化是渐变式而不是突变式。利用趋势外推法进行预测，一般应包括以下六个阶段：（1）确定预测对象，选择应预测的参数；（2）收集预测必需的内、外信息，并以数据的形式将它们定量地表示出来；（3）利用已知数据拟合曲线方程，曲线拟合的方程可以有多种，包括线性曲线、指数曲线、乘幂曲线、二次曲线和三次曲线等；（4）利用所拟合的曲线方程进行趋势外推；（5）预测说明及进行预测准确度分析；（6）研究预测结果在规划和决策中应用的可能性。

在教育规模预测中应用趋势外推法多以时间作为相关因素，也就是运用时序模型。常用的时序模型有线性模型、平均增长率模型、修正指数模型、龚珀兹模型（Compertz）以及珀尔（Pearl）模型等①。其中比较复杂和关键性的一步是第三步，即趋势线拟合，也就是到底是选取什么样的曲线模型进行拟合，其主要作用是进行外推预测。趋势线拟合法反映了高等教育发展的一种趋势，其预测结果有一定的参考价值，但是也存在一定的局限性。它是建立在高等教育环境基本不变的基础上，难以反映未来各种变化对高等教育发展趋势的影响，比较适合于近期预测。

应用趋势外推法进行高等教育阶段的规模预测，具体步骤如下：

① 朱佳生：《教育系统工程》，湖南大学出版社 1989 年版，第 152 页。

（1）分析过去若干年（5—10 年）高等教育招生和在校生的发展数据。

（2）预测大学阶段的学龄人口。

（3）可利用回归预测法预测大学阶段教育在校生（招生、毕业生）规模的增长率。

（4）根据现状数据，预测未来年份在校生（招生、毕业生）规模。

根据所使用的数据，趋势外推法又可以分为绝对数和相对数的趋势外推。在高等教育规模预测中所使用的绝对数一般是指招生规模或在校生规模。而所使用的相对数一般是指高等教育的毛入学或招生规模、在校生规模的增长率。许多学者都用这种方法进行高等教育规模的预测。如汤普森（Ronald B. Thompson，1961）运用趋势外推法，根据 10 年的大学学龄人口数与入学人数数据及其关系，预测了 1978 年美国各州及全国的高等教育入学人数。① 阿姆斯特朗和南利（David F. Armstrong & Charlene Wenckowski Nunley，1981）在入学人数预测时用了两种方法：趋势拟合和人口组成推演。谢作栩和黄荣垣（2000）用相对数的趋势外推法预测了 2010 年的高等教育规模及毛入学率，并提出了相应的增长步骤。

但是，过去趋势的外推只能告诉我们，如果按照过去的方法去做将会发生什么。是从过去到未来，再推算到现在。因此，趋势外推法（趋势分析）可能更适合于称之为“推测”，而不是“预测”。

除了上述最常用的趋势外推法，在高等教育规模的预测中，学者们还经常用到指数平滑法。指数平滑法是在移动平均法的基础上产生的。由于各个时期对未来事物发展的影响是不一样的，因此就有必要给各个时期配给一定的权数 $\alpha$。指数平滑法就是一种加权预测，它提供的预测值是前一期预测值加上前期预测值中产生的误差的修正值。对一次指数平滑再进行一次平滑，就得到了二次指数平滑。此方法一

---

① Ronald B. Thompson，“Higher Education，1978：An Enrollment Forecast”，*Educational Research Bulletin*，Vol. 40，No. 8，Nov.，1961，pp. 202 – 205，224.

般根据历年高等教育招生规模的增长率（或毛入学率等）数据，进行指数平滑，从而进行预测。如希利和布朗（Healey & Brown，1978）在《高等教育》发表了题为《用指数平滑法预测大学的在校生数》一文[①]。再如弗兰克尔和格雷尔德（1988）[②]在进行美国高等教育注册生预测时，根据对入学率进行指数平滑，从而预测出未来的入学率。

沙哈和博克（1999）[③]运用了马尔可夫链模型分析了分学科、分性别、分年龄的澳大利亚高等教育系统的学生流及学生毕业情况。

也有学者用一些最新的预测技术，如灰色预测和 BP 神经网络进行教育规模的预测（刘鸿基和孟祥恪，1995；唐兴香，1997；何红玲，1999；张长征等，2004；马义飞和白晓娟，2004；陆芳等）。也有学者直接以时间为自变量来预测高等教育发展的规模（郭化林等，2004）。

在这里，值得一提的是，莫罕默德（1979）在其博士论文——《注册生数预测的计算模型：一个管理科学的方法》[④]一文中，分别用学生流法（投入—产出模型和马尔可夫链模型）、回归分析法、移动平均法建立了相应的注册生数预测模型，并比较了这三种数学方法在预测中的精确性。此研究的方法是模型建模和假设检验。其主要研究内容包括：（1）构建了三个注册生数预测的管理科学模型：线性回归模型，移动平均模型，以及指数模型（包括指数平滑子模型、二项式子模型以及三项式子模型），共包括 168 个公式；（2）用 Fortran 语言对以上三个模型建立了相应的计算机程序；（3）通过运用历史

---

① Healey, Marilou T., Brown, Daniel G., "Forecasting University Enrollments by Ratio Smoothing", *Higher Education*, Vol. 7, No. 4, Nov., 1978, pp. 417 – 429.

② ［美］M. M. 弗兰克尔、D. E. 格雷尔德：《美国教育统计预测》，任振华、杨立山译，高等教育出版社 1988 年版，第 171 页。

③ Chandra Shah, Gerald Burke, "An Undergraduate Student Flow Model: Australian Higher Education", *Higher Education*, Vol. 37, No. 4, June, 1999, pp. 359 – 375.

④ Mohamed Youssef Hassan, "Computer Models for Enrollment Forecasting: A Management Science Approach", PhD thesis, *University of Fittsburgh*, 1979.

的注册生数数据，把三个模型应用到微观和宏观教育系统中，以检测三个模型的效果。文中研究的零（null）假设为：三个模型所预测得到的注册生数平均数彼此之间没有显著的统计差异；并包括四个子假设，即三个模型之间、一二模型之间、一三模型之间及二三模型之间不存在显著的统计差异。最后，莫罕默德经计算得出的主要研究结果是：第一、第二、第四假设没有拒绝；第三假设被拒绝。即被预测期间的真实学生数量与线性回归模型、移动平均模型的平均值差异显著；与指数模型的平均值差异不显著。表明用指数模型比其他两个模型得到的预测精度更高一些；也表明线性回归模型比移动平均模型更精确。

我国邵云飞、赵宏辉和唐小我（2001）也用类似的方法和三个模型（趋势拟合、指数平滑、线性回归）做了四川省研究生规模的预测，对三个模型进行了比较，结果认为线性回归模式比较适合四川的具体情况。

## 二　学生流法

学生流法是各级各类教育规划在实践中最常用的一个方法。此方法认为，学龄儿童从进入幼儿园到小学、初中，再进入高中阶段乃至升入大学都是一个相对固定的流程。只要有充分的统计数据（如分年级的在校生数、辍学率、升学率等），再对学龄人口、升学率和辍学率做出较科学的预测，就可用学生流的方法推出各级教育的招生人数、在校生人数和毕业生人数。一般来说，应用学生流法进行事业发展目标预测步骤如下：

（1）收集相关教育统计资料。

（2）预测学龄人口。

（3）对统计资料进行分析，找出学生流规律（如学生入学年龄的构成、学制变化、普职分流情况等），形成学生流模型。

（4）应用前述预测方法对学生流模型涉及的关键参数（如入学率、保留率和升学率等）进行分析预测。

（5）运用学生流模型计算。

（6）分析计算结果，如不可行，修正学生流模型或关键参数的预测，反复测算直至取得合理的预测结果。学生流法具体可参加义务教育的学生流模型。

以学生流法预测义务教育发展目标为例，学生流基本模型如下①：

$$\begin{cases} P_{i1} = EP_i \times R_i \\ P_{i2} = P_{(i-1)1} \times (1 - R_{i1}) \\ P_{i3} = P_{(i-1)2} \times (1 - R_{i2}) \\ P_{i4} = P_{(i-1)3} \times (1 - R_{i3}) \\ P_{i5} = P_{(i-1)4} \times (1 - R_{i4}) \\ P_{i6} = P_{(i-1)5} \times (1 - R_{i5}) \times L_i \end{cases}$$

$$\begin{cases} M_{i1} = P_{(i-1)6} \times (1 - R_{i6}) \times E_i + P_{(i-1)5} \times (1 - R_{i6}) \times (1 - L_i) \times E_i \\ M_{i2} = M_{(i-1)1} \times (1 - C_{i1}) \\ M_{i3} = M_{(i-1)2} \times (1 - C_{i2}) \\ M_{i4} = M_{(i-1)3} \times (1 - C_{i3}) \times S_i \end{cases}$$

其中，$P_{i1-6}$ 为 i 年 1—6 年级在校生人数；$M_{i1-4}$ 为 i 年初中 1—4 年级在校生人数；$R_i$ 为 i 年实际入学人数与适龄儿童比例；$R_{i1-6}$ 为 i 年小学各年级辍学率。为简化起见，i 年各年级辍学率可采用同一数字。$C_{i1-3}$ 为 i 年初中 1—3 年级各年级辍学率，同样可以简化为同一数字；$L_i$ 为 i 年小学六年制比例；$S_i$ 为 i 年初中四年制比例；$E_i$ 为 i 年小学毕业生升学率；$EP_i$ 为 i 年入学适龄儿童数。由于各地入学年龄不同，一年级入学儿童需要分析入学年龄构成和变化规律并进行测算。公式如下：

$$EP_i = CP_{i1} \times f_{i1} + CP_{i2} \times f_{i2} + \cdots + CP_{in} \times f_{in}$$

其中，$CP_{i1-n}$ 为 i 年小学入学儿童构成中各年龄儿童总数，$f_{i1-n}$ 为 i 年小学入学儿童中各年龄的儿童所占比例。目前，我国入学儿童主要是由 6 岁和 7 岁儿童构成，通常可忽略所占比例很低的其他年龄段

① 杨晓青、管西亮、秦昌威：《教育规划理论与实践》，中国大百科全书出版社 2006 年版，第 74—75 页。

儿童。

分析研究现在教育统计数据（如分年级在校生数、学制情况、入学年龄构成、辍学率、升学率等），找出入学年龄构成变化的规律、实际入学人数与适龄儿童比例变化的规律、学制变化的规律、小学毕业生升学率变化的规律，可以运用趋势外推法预测出 $f_{i1-n}$、$R_i$、$L_i$、$S_i$、$C_{i1-3}$、$R_{i1-6}$、$E_i$，就可建立学生流模型，进行测算。

借鉴以上义务教育学生流模型，我们根据目前高等教育的一些统计数据（如分年级在校生数、学制情况、入学年龄构成、保留率、高中毕业升学率等）就可建立学生流模型。但由于高等教育构成比较复杂，一般可根据各类高等学校的构成情况，建立不同的学生流模型进行测算。然而需要特别注意的是，与义务教育不同，高等教育招生数与高中毕业生数不存在直接对应关系，故在实际规划中，招生数一般通过趋势外推法预测招生增长率后测算得出。而包含自学助考等多种形式的其他高等教育则多采用趋势外推法预测在学人数，硕士和博士生招生数的预测亦然①。因此，其实学生流模型中也包含了趋势外推等时间序列分析法，从而趋势外推等方法的缺陷也相应地表现在学生流模型中。

另外，学生流模型大多用于初、中等教育学生数量的预测上，如科雷亚（1975）、埃文科（1976）、胡克（Hooker，1974）等均用学生流模型对初等及普通中等教育的学生数量做了预测分析。学生流模型用于高等教育的并不多见。即使用也主要用于高等教育阶段内部的变动和最终毕业情况。因此，学生流方法可能用于初、中等教育不同年级之间的转移以及高等教育内部更为科学。

## 三　回归预测分析法

除了上述方法外，也有学者利用预测技术中的相关（回归）分析来进行教育规模的预测。回归预测分析实际上是研究随机变量与影响

① 杨晓青、管西亮、秦昌威：《教育规划理论与实践》，中国大百科全书出版社 2006 年版，第 79 页。

因素（自变量）之间的相互关系，从而对变量进行预测的技术。用指标和多元回归的方法来进行高等教育招生规模的预测是可行的，因为一旦将影响因素定下来之后，就可以用一种解释性的方法来预测出高等教育的招生规模。这种方法实际上是独立于历史趋势的。我们会发现入学人数的变动是与某些变量相关的，如经济发展和高等教育适龄人口数或总人口数等。

回归预测分析需要解决三个问题：一是选择影响因素；二是选择回归方程；三是搜集数据以估计参数。多数情况下，教育与外部因素的联系还是非线性相关的，但我们为了计算简便，可以简化为线性模型或通过一定数学形式转化为线性模型，因此在高等教育规模的预测中常常使用线性回归预测分析。学者们在进行高等教育规模的预测时，所考虑到的因素无外乎我们在第四章中所提及的那些因素。但是，不同的学者在进行教育规模预测时，所选取的因变量及其影响因素（自变量）以及模型都不太一样，因此，结果也不尽相同。

国外学者对高等教育规模的预测所用方法也大多为计量回归方法。例如，萨利提出了把短期入学预测与经济发展周期联系起来，将入学人数分为春、夏、秋、冬四个季节进行预测。比如惠勒（William C. Weiler，1980）用申请者、接受者、实际入学人数三个数据建立了一个短期高校入学预测的模型。马丁内斯（Mario Martinez，2004）主要在人口年龄结构变动和高等教育参与率不变的情况下，计算了2000年18—24岁以及25岁及以上人口的高等教育参与率，预测了2015年18—24岁以及25岁及以上的人口数，得出了2015年的入学人数及其变化情况。

斯丁奇克布（1985）[①] 在其博士论文《学生预测模型的应用：乔治亚郊区学区》（“An Application of Student Enrollment Projection Models：To Georgia Suburban School Districts”）中就运用了人口梯队法、

① Stinchcomb，Hugh Gerald，“An Application of Student Enrollment Projection Models：To Georgia Suburban School Districts”，PhD thesis，*Athens*，*Georgia*，1985.

回归分析法等来进行乔治亚学区5—10年的入学人数预测。文中的自变量包括时间、分年级的历年注册生数、历年的总入学人数及人们的出生率统计。因变量就是所要预测的未来的注册生数、年级升学率、所预测的出生率、入学人数的平均变化率及变动数量。

易卫平（2000）分别根据人口大国发展模式和东亚国家和地区模式进行了相关分析。他认为与人口小国相比，人口大国由于其人口众多，高等教育绝对规模较大，因此其发展有一定共性。我们选择1997年人口大于5000万的大国分布在1960—1997年各个时点的92个有效样本（来源：世界银行数据库），利用毛入学率ST作为高等教育相对规模的指标，用教育公共支出占GNP的百分比PE、人均GDP、高等教育生均支出与人均个人消费额的比例ETP作为解释变量，进行了回归分析。东亚国家和地区模式则选取了东亚新兴工业化国家和地区（韩国、中国香港、新加坡、马来西亚、泰国、日本）1965年到1996年各时点44个有效样本。两个方法的回归结果均显著。

薛家宝（2001）以高校在校生数为因变量，用人均GDP和高校专任教师数为自变量进行回归分析，并进行了江苏高等教育发展的预测。孙绍荣等（1999、2000、2001、2004）根据高等教育规模和人均GNP、服务业产值比例、农业产值比例的国际分析，试图得出三者之间的关系，以此为高等教育规模的规划提供科学的依据和参考。在文章中，关键的一笔是根据各国人口占世界总人口的比重作为权重计算各国高等教育毛入学率的平均值。并根据线性模型和非线性模型分别进行了回归分析，结果表明两个模型均通过了显著性检验，但相对而言，非线性模型的预测值与实际值更为贴合。

李文利和闵维方（2001）用高等教育毛入学率与人均GNP、人口负担率、公共教育支出占GNP的比例、高等教育生均支出占人均GNP的比例进行回归分析，指出我国高等教育实际毛入学率低于潜在毛入学率。

俞培果等（2002）[①] 指出，高等教育规模的确定是与经济、政治、文化、人口等多种因素相关的问题。但顺着这些关系分析下去最终大多与生产力发展水平发生关系。因此，他们将国内生产总值 GDP 确定为解释变量之一。第二个解释变量为年中人口数，被解释变量为在校学生数。文章采用了数据较完整的年份——1996 年，所以用该年的数据对具有以上 3 项指标的 53 个国家的数据进行了拟合建模。

胡咏梅和薛海平（2004）对以 1990—1998 年 GDP 年均增长率、GDP 占世界总额的比例、人均 GDP/PPP 和国家财政支出占 GDP 的比例四个反映一国经济发展水平的指标为自变量，以高等教育毛入学率为因变量进行了回归分析。

柳博（2004）利用 1998 年世界主要各国的人均 GNP 和高等教育毛入学率数据，将各国分成发达国家、中等发达国家和发展中国家分别进行线性回归，得出发展中国家的人均 GNP 与高等教育毛入学率的相关性最大，中等发达国家次之，发达国家的人均 GNP 与高等教育毛入学率相关性不大。

孙绍荣等（2000、2001、2004）通过对国内外相关研究进行综述，介绍了有关研究得出的结论，即高教毛入学率分别与人均 GNP、服务业发展具有较高的关联度，与农业发展呈现反向变动趋势，而与工业发展的关联度并不高。考虑到城市化人口比例指标综合代表了一个国家的工业化发展状况及社会发展情况，因此，在本课题变量的选取中，以年份、国家类别、该国家人口总数、人均国民生产总值（GNP）、农业产值占国内生产总值的比例、服务业产值占国内生产总值的比例、城市化人口占全国总人口的比例、高等教育毛入学率等八个指标为变量，以《世界银行发展报告》1976—1997 年共 22 年的统计数据为样本，建立原始数据库。他们在数据处理的时候，主要涉及以下几方面：（1）以人均 GNP 指标小于或等于 100 美元为起始区段，此后人均 GNP 指标每递增 10% 为一区间；（2）在每一区间对重复出

① 俞培果、杨晓芳、沈云、廖斌：《我国高等教育需求预测与高等教育规模的确定》，《预测》2002 年第 3 期。

现的每一个国家不同年份的人口数、人均 GNP 和高教入学率分别求平均值，删除该国各年份的数据，保留其平均数据，以确保该国家在该区间仅出现一次，以保证该国人口总数对该区间人口权重的影响；(3) 对该区间的人口总数求和；(4) 以各国人口总数除以该区间人口总和作为各国人口权重；分别求出该区间的人均 GNP 和高教入学率的加权平均值。孙绍荣等（2001）利用 173 个国家、22 年的人均 GNP 和高等教育毛入学率数据进行了非线性回归，回归结果表明两者之间并非线性同步增长的关系，是先急后缓的凸型曲线，即在经济增长初期，入学率随经济水平发展而有较快的增长；然后增长速度逐渐放慢。孙绍荣等还分析了农业产值、工业产值和服务业产值各自占 GDP 的比重与高等教育毛入学率之间的关系，结果表明高等教育毛入学率与农业产值的比重呈现负相关关系，而与工业产值和服务业产值比重呈现正相关关系，并且服务业产值比重对高等教育毛入学率的影响更大。

岳昌君（2004）利用最新的数据，选择人均国民收入总值作为一个国家经济发展水平的指标，以 25—64 岁人口中受高等教育人口的比重作为一个国家高等教育发展规模的指标，对 1999 年一些主要国家①的高等教育人口比重进行比较研究。以 HEDU 表示高等教育人口比重、GNIPC 表示人均国民收入总值（单位是千美元）、以 SGDP2 和 SGDP3 分别表示第二、三产业增加值占国民生产总值（GDP）的比重，建立线性计量回归模型。由于人均国民收入总值与第二、三产业增加值的比重之间可能存在多重共线性，因此在回归过程中岳昌君还进行了多重共线性的检验。在回归结果中，四个解释变量（包括截距项）的方差膨胀因子（VIF）都小于 10，表明四个解释变量之间不存在严重的多重共线性。另外，从条件数（condition index）看，人均国

① 它们分别为：澳大利亚、奥地利、比利时、加拿大、捷克、丹麦、芬兰、法国、德国、希腊、匈牙利、冰岛、爱尔兰、意大利、日本、韩国、卢森堡、墨西哥、荷兰、新西兰、挪威、波兰、葡萄牙、西班牙、瑞典、瑞士、土耳其、英国、美国、巴西、智利、印度尼西亚、约旦、马来西亚、秘鲁、菲律宾、斯里兰卡、泰国、突尼斯、乌拉圭、津巴布韦以及中国。

民收入总值（GNIPC）与第二产业增加值的比重（SGDP2）和第三产业增加值的比重（SGDP3）也不存在相关关系（严格地表述应该是它们之间的相关关系是可以忽略的）。

分析上述各学者的回归分析和预测，可以得出如下结论：

第一，学者们在预测时，一般从分析影响高等教育发展的因素着手，通过国际比较或历史比较的方法，筛选出与高等教育发展关系最为密切的因素进行预测。由于影响高等教育发展的因素众多，学者们主要选择了经济发展水平（包括 GNP 或人均 GNP）、中等教育规模、人口因素等，同一国高等教育发展的关系。虽然各人考虑的因素有差别，选取的国家有多寡，选取的时间跨度有长短，但都得出了一个共同的结论：经济发展水平以及适龄人口同高等教育发展规模与速度的关系最为密切。于是，经济发展水平以及适龄人口成了众多学者预测高等教育发展规模与速度最重要的考虑因素。

第二，学者们都是以他们当时的高等教育发展现状作为预测的基点的，打上了时代的烙印。以大扩招开始的 1999 年为界，1999 年以前学者们对我国高等教育发展规模与速度的预测持谨慎态度，预测数据偏低，他们根本就没有预料到，我国能在 2002 年就实现高等教育毛入学率 15% 的大众化底线目标。大扩招后，学者们对高等教育发展规模与速度预测则较为乐观。这说明高等教育发展规模与速度的预测不是一成不变的。它往往要受到现有高等教育发展状况的影响。

第三，学者们预测未来高等教育发展速度是呈线性发展的。也就是说，这种预测并未考虑政策等其他可变因素对高等教育发展速度的影响。事实上，高等教育发展并非是匀速的，它往往会受到政策等其他可变因素的影响。由于政治经济状况的改变，社会需求的变化，生源供应的增减，学校办学条件改善的时限性，高等教育发展速度在不同时期会有快有慢，也可能呈现周期性波动或高原现象（即发展规模在一定时期内并无多大变化）。这些因素学者们并未考虑进去。①

---

① 张子照、朱晟利：《我国高等教育发展规模与速度预测的回顾与思考》，《江汉大学学报》（社会科学版）2005 年第 9 期。

总之，笔者认为，在不同情况下，以上三种方法在不同程度上应该说都是可取的。如，学生流法可以应用在高等教育系统内部的转移与预测上。时间序列法对于高等教育发展比较稳定的国家而言较为适用。但是，笔者认为，对于我国高等教育发展规模而言，最好的方法应该是采用系统、全面的解释性方法（回归分析）来对高等教育规模进行预测。也就是说，在预测高等教育规模的过程中，我们应该考虑一些影响高等教育规模的因素，在把握这些因素的基础上，对高等教育未来的发展规模进行科学预测，进而为高等教育规划提供基础。然而，不同的学者，由于其拥有的数据不一样以及所重视的因素不一样，各自根据不同的因变量和自变量得出不同的结论，这是必然的。

## 第三节　我国高等教育规模预测的方法

### 一　定性与定量相结合的方法

根据第四章有关高等教育规模规划时所应考虑的供需因素和政治或政策因素，严格来说，影响高等教育发展的因素包括很多，尤其在我国还更多地受到了国家政治形势、国家政策偏向、领导人意志等的影响。因此，笔者认为，对于我国高等教育规模的预测而言，其预测和规划需要将定性与定量相结合，也就是说，在定性预测分析的基础上进行定量的预测，并且在定量预测分析的基础上，再需要有定性的判断和给定一个机动范围。否则，定量的高等教育规模预测对实际的政策决策可能不起作用，从而缺乏现实可行性，也就失去了实用的价值和预测的最终意义。

定性预测法主要是利用直观材料，依靠管理者个人的经验和综合分析能力，对未来的发展方向和趋势做出推断，其优点是直观简单、适应性强。通常，如果影响需求预测的相关信息是模糊的、主观的、无法量化，而且相关的历史数据很少，或是与当前的预测相关程度很低，往往只能选择定性的方法进行预测。由于我国教育工作受政治政策因素影响较大，因此定性预测方法在一定范围内将会得到较多使用。而且中期到长期的预测可能更多地可以先选用此方法。

定性的预测方法包括上述提及的德尔菲法、专家判断法（主观概率法）等。

（一）德尔菲法

德尔菲法是根据专业人员的直接经验，对研究的问题进行判断、预测的一种方法，也称专家调查法。这种方法不受地区人员的限制，应用广泛、费用较低，尤其是在现在通讯更加便捷的情况下，可以加快预测速度和节约预测费用。由于可以分别对不同的专业人士进行调查，能够得到各种不同的观点和意见，通常在历史资料不足或不可测因素较多时尤为适用，如长期预测或对新产品的预测。

这种方法也存在着一定的不足. 预测结果取决于专家的学识、经验、心理状态和对预测问题感兴趣的程度，受主观认识制约较强。如果所预测的产品或顾客群分散于不同的地区，由于聘请的专家可能对具体情况不熟悉，意见有时可能不完整或不切合实际。

德尔菲法的预测程序有五步，具体步骤如下：

1. 明确预测目标，成立预测小组，准备预测问题的背景材料。

包括对德尔菲法的必要的说明，使参加的专家了解德尔菲法，这将有利于提高预测效果。设计问卷、调查表时，避免在调查表中出现组合事件。

2. 选择专家、专门人员。

聘请的专业人员应对拟预测的问题较为熟悉，还要具有不同的背景。如果是高校经营方面的问题，可以聘请经验丰富的一线管理人员、财务人员等。如果是高等教育的战略规划方面的问题，还可以聘请理论丰富的专家和学者。经验表明，预测结果随人数增加而提高，但超过 10 人后提高不太明显。因而一般应选 10—50 人，但重大问题可多达百余人。

3. 专家根据自己的知识和经验，对所预测事物的未来发展趋势提出自己的预测，并说明其依据和理由，书面答复主持预测的单位。

在专家的答复中应请专家对所作预测进行自我评价，如可要求专家在调查表上自己注明对预测问题的熟悉程度。

4. 预测小组对专家的预测意见进行归纳整理。

在对调查结果进行统计处理时，可以给予熟悉这一领域的专家的意见以较大的权值。这样做有利于提高预测的精度。对不同的预测值分别说明理由和依据，然后再寄给各位专家，要求专家修改自己原有的预测，以及提出还有什么要求。在反馈意见时，不能注明是哪个专家的意见，并防止出现诱导现象。

5. 专家等人进行第二次预测，提出自己的修改意见及其依据和理由。

如此反复往返征询、归纳、修改，一般经过4—5次反馈，各位专家的意见就会基本趋向一致。如出现无法一致的情况，并不意味着德尔菲法的失败。这时我们发现了预测意见按不同学派和观点相互对立，使预测者的不同见解明朗化，从而更有利于问题的深入研究。

（二）主观概率法

高等教育规模属于不确定事件，主要依靠决策者在掌握的信息条件下，根据他的认识水平，对有关事件做出主观的判断，这时往往会以某一个数值作为事件发生的可能性的量度，通常我们称之为主观概率。在主观概率的基础之上做出的预测就称为主观概率法。比如，某教育部门的领导或专家认为未来五年内高等教育规模增长的可能性为20%，这就是一个主观的判断。我国高等教育规模的预测和规划过程中，对主观概率法的运用也屡见不鲜。这也符合上一章所述，即我国高等教育规模的规划和预测，受政治、政策因素影响比较大。

主观概率法的预测步骤如下：

1. 准备相关资料，作为供专家参考的背景资料，包括市场上同类产品、替代产品的销售资料以及当前的市场状况、产品的设计资料等。

2. 编制主观概率调查表。

3. 分析数据。

在对高等教育的规模进行中长期的预测时，我们还可以使用其他的定性方法，如对未来潜在市场进行调查、征求各类人员的意见以及与类似的国家做对比性分析，从而得出预测结果。也可以同时使用多种方法，再对各结果进行综合分析。

## 二 高等教育规模定量预测时应考虑的因素和指标

在定性预测的基础上，我们必须对高等教育规模进行定量的预测，因为只有这样才能进行其他方面的高等教育预测和规划。

首先考虑高等教育规模的指标，具体可以包括高等教育在校生数、高等教育毛入学率、高等教育招生数等。从国内外学者所做的分析我们可以看出，有些学者选用高等教育毛入学率这一指标；有些学者选用高等教育在校生数这一指标。相对来说，选用毛入学率的文章较多，但是在本书中，我们选用高等教育本专科生在校生数作为被解释变量，记为 student。用在校学生数代表高等教育规模，这一指标间接地反映了高等学校能够容纳学生的生活用和教学用建筑设施以及其他固定资产的规模，以及按一定生师比配备的教师队伍的规模等。本书没有使用适龄青年入学率指标，是因为它只反映了适龄青年入学的难易程度，而不能反映一国的高等教育规模；并且它还与人口数量有着直接关系，由于早期各年度人口出生率不是恒定的，造成后来（约 20 年后）各年度适龄青年数量不同，即使招生规模不变，入学率也会发生较大幅度的变化。此外，继续教育、终身教育逐渐被人们接受，需求逐步提高，其需求量也是入学率无法反映的。

至于解释变量的选取，根据上文有关高等教育供给和需求方面的论述，我们可知，高等教育规模的大小是需求和供给双方以及政治或政策共同作用的结果，也是所有因素的合力结果。但在不同的时期，各种因素的影响力是不同的。而定量地预测高等教育发展规模与速度时，可以运用因素分析法。因素分析法是用来测定受多种因素影响的某种经济现象总变动中各个因素的影响方向和影响程度的一种统计分析方法。从理论上说，我们应该综合考虑这些因素对高等教育发展的影响。然而，在具体操作中，要“综合考虑”是十分困难的，因为考虑因素越多，预测就会越复杂。而且，有些因素根本没有办法量化，也就没办法作为指标进行定量预测。于是，我们常常不得不舍弃其中的一些因素进行预测，这样，预测的准确性无疑就会受到影响。但是由于更多地考虑到数据可得性、可操作性与应用性等问题，我们还是试图只选取以下几方面的影响因素作为计量回归时所考虑的因素。

（一）人口因素

教育以人口为对象，人口又以教育为条件。我国是一个人口大国，占据了全世界近1/4的人口数。因此，在我国高等教育规模规划和预测中，人口数是首先必须要考虑的一个重要因素。

人口包括人口数量、人口结构、人口质量、人口分布等不同的指标，不同的指标对高等教育的影响也有区别。人口数量的变化直接或间接地影响高等教育的规模与速度以及高等教育的毛入学率，而人口结构的变化则会对高等教育的专业设置和课程结构产生显著的影响。人口因素既可成为高等教育规模速度发展的一种有力的推动资源，也可成为其继续发展的负担。人口与教育的关系是极为错综复杂的关系，教育既可以是人口变化的一个原因，也可以是人口变化的一种结果。人口与高等教育两者相互间的影响，具有很长的时间差。人口数量的变化要在十几年以后才会对高等教育产生显著的影响。随着世界经济发展、人口增长及社会产业结构的优化，无论是西方发达国家还是新兴的工业国家都必然有一个高等教育规模发展迅速的突飞期。在新中国成立以来的50多年中，中国高等教育发展规模与速度在实际过程中出现过几次大起大落，探讨高等教育适龄人口和总人口数与高等教育的关系，有助于建立符合中国国情的高等教育发展规模速度，有利于决策者制定合理的教育政策。如何理解总人口数及高等教育适龄人口对高等教育规模速度发展的影响与制约，是个值得探讨的问题。因此，对总人口数和高等教育适龄人口的关注是预测未来高等教育规模变化不可遗漏的变量。如图3－4所示，面对今后50年高等教育适龄人口“两峰两谷”的波动形势，中国高等教育发展规模速度要充分考虑高等教育适龄人口因素对高等教育的影响。

对人口因素在高等教育规模中的影响分析，一般学者均采用队列生存法计算目标年的适龄学龄人口数，再将其与所推算的高等教育毛入学率相乘，即获得未来目标年的高等教育规模。如施密德（1952）和萨利（1979）在大学入学人数预测时，所运用的方法是比例方法和队列生存法。①

由于我国是一个人口大国，总人口数和高等教育适龄人口数都极其庞大。虽然我国目前高考报名者中，绝大多数仍然是18—25岁的青年，但是我们发现，18岁以下的报名者所占比重逐年增大。具体年龄分布如表4-3所示。

**表4-3　　2000—2004年高考报名者的年龄分布情况（%）**

| 年份 | 18岁以下 | 18—25岁 | 25岁以上 |
| --- | --- | --- | --- |
| 2000 | 4.95 | 95.03 | 0.02 |
| 2001 | 8.74 | 90.9 | 0.36 |
| 2002 | 12.15 | 87.71 | 0.14 |
| 2003 | 12.15 | 87.71 | 0.14 |
| 2004 | 12.62 | 87.26 | 0.12 |

此外，经过对1978—2010年高等教育适龄人口与在校生数之间的相关关系检验，发现两者之间的相关系数只有0.28，而总人口数的对数与在校生数之间的相关系数达到了0.77。而对经过自然对数处理过后的在校生数与总人口数及高等教育适龄人口数进行相关性检验，发现其与前者的相关系数达到了0.89，与后者的相关系数只达到了0.24。因此，笔者认为采用总人口数作为自变量指标之一比较合适。

除了考虑总人口对高等教育的需求外，还要考虑不同的人民群体接受高等教育的具体愿望及需求。据学者们研究，城镇和乡村对于高等教育的需求是不一样的，不仅表现在"是否能够或愿意上大学"的差异上，而且还表现在"上什么样的大学"的差异上。因此，城镇人口比重大小本来也是高等教育规模预测中应考虑的因素。经过相

① Calvin F. Schmid, Frad J. Shanley, "Techniques in Forecasting University Enrollment", *The Journal of Higher Education*, Vol. 23, No. 9, Dec., 1952, pp. 483-488, 502-503.

关系数检验，发现城镇人口比重确实与本专科在校生数有密切关系，相关系数达到了0.94；自然对数序列的相关系数则达到了0.99。这种正相关关系表明城镇人口可能在一定程度上比农村人口对高等教育需求更高、更多；同时表明随着我国城镇化的进一步发展，人们对高等教育的需求日益增加，从而导致高等教育规模的扩展。

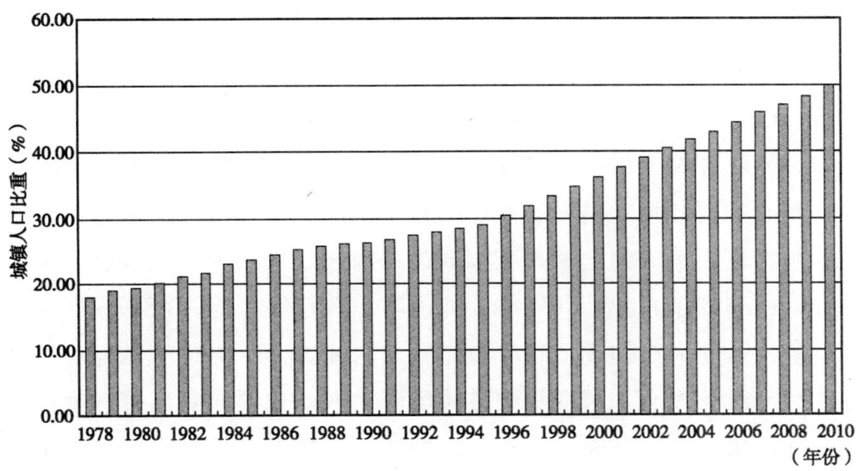


**图4-1 我国1978—2010年城镇人口比重变化情况**

（二）经济发展状况

（人均）GDP（国内生产总值）是衡量一个国家经济发展状况的最重要的指标。它综合代表了一个国家的经济状况及社会发展情况。因此，在制定高等教育发展规划的时候，尤其是我国近几年为拉动内需和减缓就业压力，实行高等教育扩大招生规模的发展政策，在这样的情况下，就非常有必要研究高等教育规模与（人均）GDP之间是否存在着某种量化关系，以便根据（人均）GDP的不同发展阶段来确定合理的高等教育规模，以形成教育、经济协调发展的和谐局面。国内外均有研究表明高等教育毛入学率或高等教育规模与（人均）GDP存在一定程度的正相关关系（谭和明盖特，Jee-Peng Tan & Alain Mingat，1992；孙绍荣，2000、2001、2004；易卫平，2000；胡咏梅和薛海平，2004；柳博，2004；等等）。岳昌君（2004）利用计量回归法表明了高等教育人口比重与人均国民收入总值（单位是千美元）及第二、三产业增加值占国民生产总值（GDP）的比重之间的线性关系。

由于考虑到从宏观社会角度分析高等教育的需求和供给，所以，我们选取 GDP 这一宏观总量作为解释变量之一，并根据 1978 年的 GDP 指数进行了调整。我们对 1978—2010 年 GDP 与在校生数进行了相关性检验，发现相关系数高达 0.93；其自然对数形式的相关系数则为 0.9262。这种极高的正相关关系表明，不管是从整体社会需求上还是供给上，GDP 都会深刻影响高等教育的发展及其规模。当社会经济不断发展、进步时，社会对高等教育的需求及供给能力都将提升。

高等教育规模的发展及其增长速度需要相应的教育投资作为支撑。政府的财政投入是高等教育的投资来源之一，所以，高等教育规模的预测还要考虑到国家财政收入这一因素。虽然一个政府除了教育之外，还有许多其他公共事务，如国防、医疗等。但一个国家所拥有的财政收入的大小构成了政府教育支出的基础，并决定了教育经费的可能性支出的大小。这会受到整体经济水平以及领导对高等教育的重视程度的影响。这既要考虑到教育外部，也应考虑到教育系统内部的资源合理配置问题。经对 1978—2010 年名义国家财政收入占 GDP 的比重与在校生数的相关性检验发现，两者间的相关系数达到了 -0.2691；其自然对数形式的相关系数则达 -0.4405。除了高等教育适龄人口数之外，在所有解释变量中相关性最小。而两者之间的负相关关系则在一定程度上可能是受到了高等教育成本分担以及我国财政体制改革的影响。

（三）人们的生活水平

人们的生活水平是必须要考虑的因素之一。对于居民生活水平的衡量，我们可以选用人均 GDP、储蓄总额和恩格尔系数作为衡量指标。

由于考虑到 GDP 与人均 GDP 之间存在一定的内在联系，而且从社会宏观角度已经选取了 GDP 作为解释变量，因此，我们未将人均 GDP 作为其中一个解释变量。

图 4 - 3 反映了我国自 1978 年以来的实际储蓄总额的变化情况。

由于我国目前贫富分化严重，基尼系数已超过 0.4，也就是说，其实绝大部分的财富是掌握在少数人手中的。此外，由于储蓄总额与

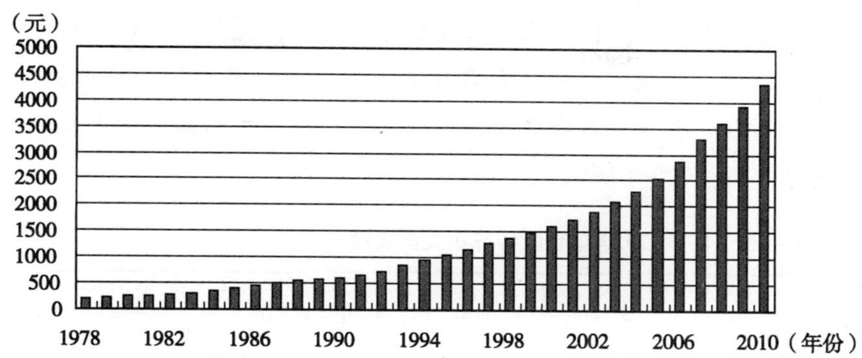


**图 4－2　改革开放以来我国实际人均 GDP 的变化情况**

**（按 1978 年可比价计算）**

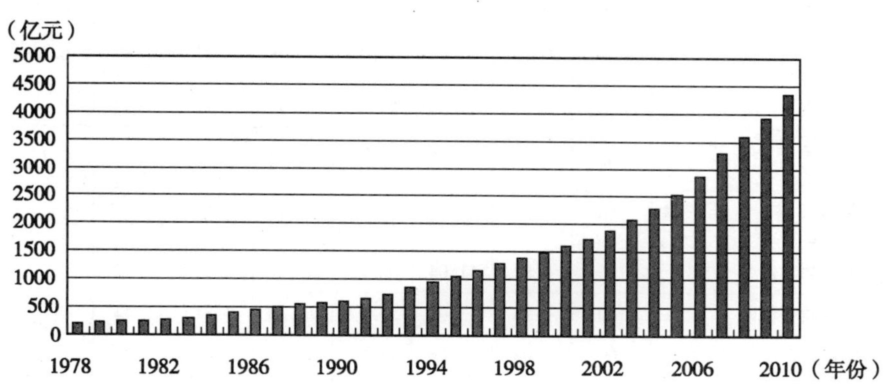


**图 4－3　1978—2010 年我国实际储蓄总额的变化情况**

**（按 1978 年可比价计算）**

GDP 之间存在共线性，因此，我们舍弃了储蓄总额这一指标。

恩格尔系数的变化情况已在前一章的图 3－6 中显示。恩格尔系数与在校生数之间的相关系数达到了－0.8794；其自然对数序列的相关系数达到了－0.9641。这反映了居民的消费结构确实会影响到居民对高等教育的需求，而且恩格尔系数越低，居民对高等教育的需求就越高，就越有更多的本专科在校生。

（四）未来经济发展所提供的就业岗位和机会

如国内外学者所证明的那样（孙绍荣，2000、2001、2004 等），高等教育规模与第一、第三产业关系密切，而与第二产业关系并不大。一般情况下，与第一产业呈现负相关关系，与第三产业呈现正相关关系。也就是说，受过高等教育的大学生往往是在第三产业就业，如金融行业、教育科技行业、管理部门等。我国目前各行业人员的受教育水平如表4－4所示。

**表4－4　2010年我国各行业人员受教育水平（%）**

| 行业种类 | 合计 | 未上过学 | 小学 | 初中 | 高中 | 大学专科 | 大学本科 | 研究生 |
|---|---|---|---|---|---|---|---|---|
| 总计 | 100 | 3.41 | 23.86 | 48.80 | 13.87 | 5.96 | 3.71 | 0.39 |
| 农、林、牧、渔业 | 100 | 6.26 | 37.19 | 50.15 | 5.80 | 0.49 | 0.10 | 0.01 |
| 采矿业 | 100 | 0.67 | 13.10 | 50.15 | 22.98 | 8.69 | 4.13 | 0.29 |
| 制造业 | 100 | 0.75 | 13.12 | 56.26 | 20.06 | 6.43 | 3.10 | 0.29 |
| 电力、燃气及水的生产和供应业 | 100 | 0.19 | 4.17 | 28.30 | 33.08 | 22.02 | 11.47 | 0.77 |
| 建筑业 | 100 | 1.11 | 19.95 | 60.50 | 12.49 | 3.87 | 1.98 | 0.11 |
| 交通运输、仓储和邮政业 | 100 | 0.51 | 10.03 | 54.55 | 24.12 | 7.42 | 3.21 | 0.17 |
| 信息传输、计算机服务和软件业 | 100 | 0.15 | 2.22 | 18.23 | 24.33 | 27.02 | 24.61 | 3.45 |
| 批发和零售业 | 100 | 0.82 | 11.04 | 50.00 | 25.76 | 8.71 | 3.47 | 0.21 |
| 住宿和餐饮业 | 100 | 0.98 | 13.03 | 58.37 | 21.32 | 4.81 | 1.44 | 0.06 |
| 金融业 | 100 | 0.05 | 1.19 | 11.97 | 24.20 | 32.64 | 27.08 | 2.87 |
| 房地产业 | 100 | 0.73 | 8.53 | 33.66 | 27.39 | 18.30 | 10.63 | 0.77 |
| 租赁和商务服务业 | 100 | 0.40 | 5.74 | 29.50 | 24.30 | 20.68 | 17.05 | 2.33 |
| 科学研究、技术服务和地质勘查业 | 100 | 0.14 | 2.19 | 13.61 | 18.74 | 23.92 | 32.45 | 8.95 |
| 水利、环境和公共设施管理业 | 100 | 2.32 | 16.76 | 35.68 | 22.21 | 13.90 | 8.47 | 0.65 |
| 居民服务和其他服务业 | 100 | 1.65 | 15.24 | 57.02 | 20.39 | 4.36 | 1.28 | 0.06 |
| 教育 | 100 | 0.13 | 1.68 | 9.01 | 18.00 | 33.27 | 33.19 | 4.72 |
| 卫生、社会保障和社会福利业 | 100 | 0.22 | 2.50 | 14.29 | 27.46 | 33.93 | 19.27 | 2.33 |
| 文化、体育和娱乐业 | 100 | 0.34 | 5.21 | 31.46 | 25.24 | 18.55 | 17.35 | 1.85 |
| 公共管理和社会组织 | 100 | 0.45 | 3.44 | 14.67 | 23.00 | 31.60 | 24.94 | 1.91 |
| 国际组织 | 100 | 0.15 | 1.22 | 12.77 | 15.35 | 15.05 | 36.32 | 19.15 |

资料来源：国家统计局，全国第六次人口普查资料：《中国2010年人口普查资料》，http://www.stats.gov.cn/tjsj/pcsj/rkpc/6rp/indexch.htm。

因此，考虑到受过高等教育的毕业生并不太可能就业于第一产业，更多的是在第三产业部门就业，这里选取第三产业占 GDP 的比重作为解释指标之一。

根据 1978—2010 年的相关数据，经相关系数检验发现，三产比重与在校生数之间的相关系数达 0.7505，自然对数序列的相关系数达到 0.8554。这种正相关关系说明，随着第三产业的不断发展，其对受过高等教育者的需求越来越多，势必会进一步扩展高等教育在校生的规模。

（五）现有的高等教育办学条件

现有的高等教育办学条件必然会影响到未来高等教育的发展规模及其速度，因为很多人、财、物方面的条件不是一夜之间就能达到的。而在所有的办学条件中，笔者认为，教师的数量是影响未来高等教育规模发展的“瓶颈”。因此，在这里，我们仅考虑高等教育教师数这一变量。下图为 1978—2010 年各类高校专任教师数的变化情况。

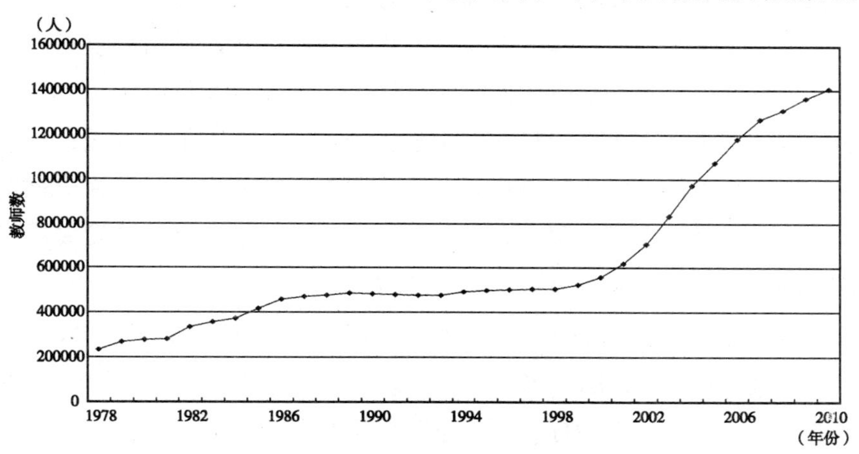


**图 4－4　1978—2010 年各类高校专任教师数**

经对 33 年的在校生数与专任教师数的相关关系检验，发现原始序列的相关系数为 0.9513，自然对数序列的相关系数为 0.9205。这说明，高等教育本专科在校生数与高校专任教师数之间关系密切。

表 4－5 为本专科在校生数与上述几个变量的相关关系结果。

表4－5　　在校生数与几个解释变量间的相关关系矩阵结果

| 相关系数 | cityratio | engeer | financegdp | gdp | people | sanchan | slpl | teacher |
|---|---|---|---|---|---|---|---|---|
| 原始序列 | 0.8924 | －0.8794 | －0.2691 | 0.9302 | 0.7475 | 0.7505 | －0.0063 | 0.9513 |
| 自然对数序列 | 0.9468 | －0.9641 | －0.4405 | 0.9262 | 0.8773 | 0.8554 | 0.0196 | 0.9205 |

## 本章小结

高等教育规模规划的基础在于准确的预测。因此，本章回顾了高等教育规模预测的几种定量方法，包括时序分析法、学生流法和回归预测分析法。由于我国高等教育的发展受政治因素影响比较大，因此，在定量预测的同时，还应该进行定性的预测，将定性和定量预测结合起来。根据上文提出的高等教育规划的系统分析法，我们在定量预测时可以采取因素分析法，根据主要的一些因素来估计各因素对高等教育规模发展的作用并模拟高等教育规模的发展历史。

为了定量地预测高等教育规模，我们需要建立计量回归模型。在建立计量回归模型之前，我们需要选取因变量和自变量的指标。至于因变量，本书选用了本专科在校生数作为指标。至于解释变量，本章根据上一章提出的高等教育规划方法时所要考虑的因素，认为应该选取人口数、经济发展状况、人们的生活水平、未来社会经济发展所能提供的就业岗位以及现有高等教育办学条件等五个方面的几个指标，具体包括总人口数（people）、GDP（及其增长率 gdpgrow）、城镇人口比重（cityratio）、恩格尔系数（engeer）、三产比重（sanchan）、教师数（teacher）六个指标。下一章我们将利用相关的一些数据进行计量分析。

# 第五章　我国高等教育规模的定量分析和预测

## 第一节　我国高等教育规模的计量分析

### 一　我国高等教育规模的历史情况分析

任何预测都必须建立在历史数据的基础上。因此，如果我们要预测未来高等教育的规模，首先必须对历年的高等教育规模进行全面的了解。正如卡特（Carter，1976）、彭（Peng，1977）、葛列尼（Glenny，1980）、克洛斯（1986）等所言，研究高等教育规模的起点是入学历史和趋势的描述。入学趋势的描述集中于高中毕业生进入大学教育的比例。在校生数的预测就是基于以上观察到的历史数据。

1978 年以来，我国高等教育毛入学率变化情况如图 5－1 所示。

从图 5－1 我们可以看出，我国高等教育的毛入学率长期以来一直处于一种比较平稳的发展状态，1992 年之后有了快速发展的势头，而在 1999 年高校“大扩招”之后快速提高，2002 年达到了 15%，从而达到了马丁·特罗所谓的高等教育大众化水平，也是我国高等教育的一次历史性发展。截至 2005 年，高等教育毛入学率已经达到了 21%，2011 年、2012 年、2013 年已经分别达到了 26.9%、30%、34.5%[①]。虽然高等教育毛入学率可以反映出一国高等教育的普及化

① 当然，对于高等教育毛入学率的计算，近几年发生了转变。目前高等教育毛入学率计算时所包括的高等教育，较之以前，范围更广，包括普通高校、成人高校、民办高校、网络本专科、学历文凭考试、军事院校、自学考试等。

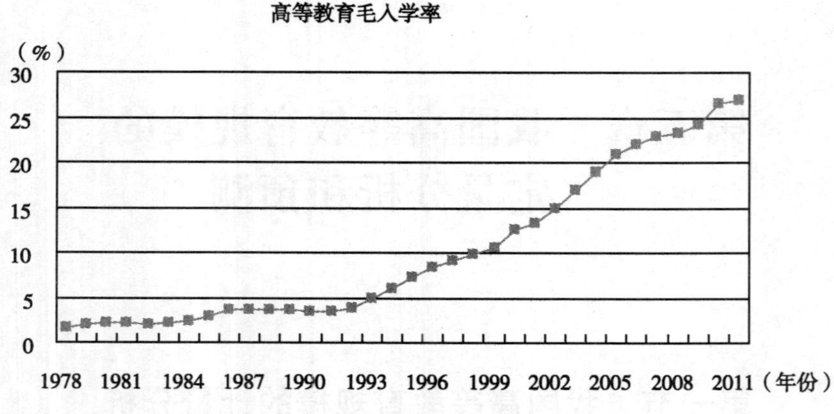


**图 5－1 高等教育毛入学率的变化情况（1978—2011 年）**

资料来源：教育部网站：《2011 年全国教育事业发展统计公报》；中国教育统计年鉴（2000—2010）；谢作栩：《中国高等教育大众化发展的道路研究》，福建教育出版社 2000 年版，第 139—141 页。

程度，但也只是在某种程度上反映了人们获得高等教育就学机会的难易程度。不难理解，在高等教育毛入学率一定的情况下，学龄人口数的变动，会直接导致高等教育在校生数的变动。因此，更直接地，在本书中选取高等教育的在校生数作为计量指标之一。图 5－2 是历年高等教育本专科在校生数（包括普通高校、成人高校和网络本专科生在校生数以及学历文凭考试在校生数，不包括非学历教育机构学生数和自考生数）变化情况。

从历年高等教育本专科在校生数可以看出，我国高等教育在 20 世纪 50 年代末 60 年代初曾有过“大发展”，随后由于受到“文革”的影响，高等教育几乎处于休眠阶段。直至“文革”结束，1976 年由于成人高等教育招生达 262.9 万，比 1975 年的 72.9 万增加两倍之多，因此高等教育在校生猛增到 319.4 万。随后，分别在 80 年代中期、90 年代初期以及 90 年代末期出现了快速增长。除了绝对数外，我们也可以用相对数——在校生数的增长率来描述高等教育规模的变化情况。如图 5－3 所示。

从图 5－3 我们可以发现，1978 年以来，我国高等教育本专科在校生数历年的增长率似乎呈现出规律性的变化，基本上类似于正弦曲

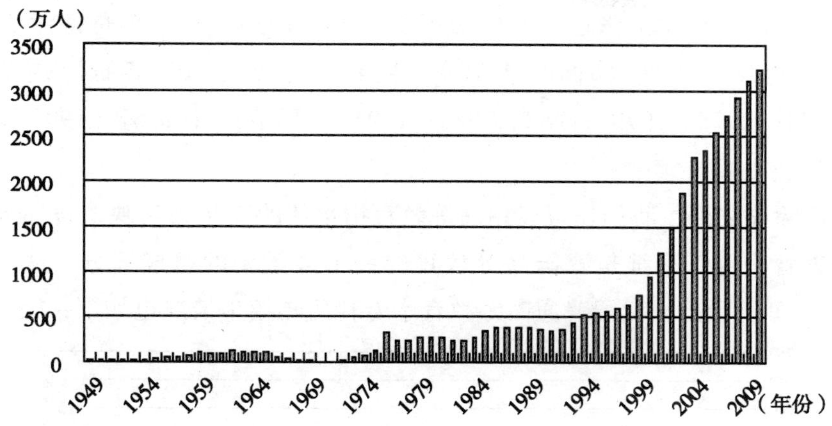


**图 5－2　高等教育本专科在校生数的变化情况（1949—2010 年）**

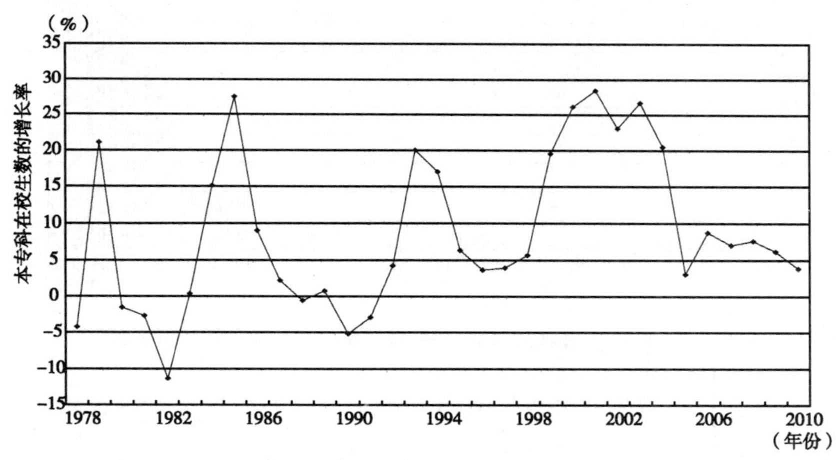


**图 5－3　本专科在校生数的增长率情况（1978—2010 年）**

线，只不过其对称轴不是一直保持在从原点出发的 X 轴，而是从原点出发、与 X 轴有一定角度的一条直线，而且变化周期似乎也有延长的迹象。这一曲线意味着我国高等教育规模经常在“发展—稳定—再发展”中徘徊，学术界许多学者将这种现象形象地称为“钟摆式回归”。

谢作栩等人曾对新中国成立以来我国高等教育规模的变动轨迹做过很有意思的研究。文章中以高等教育毛入学率的年增长率的波动为对象，按照“谷—谷”法划分，认为在 1949—2003 年这 54 年中，中国高等教育规模扩张过程共经历了5个波动周期。第一个是持续22年的大波动周期（1949—1970），接着3个少于10年的短周期（1971—1978、1979—1982、1983—1991），最后一个周期（1992至今）仍处在持续中。①

除此之外，我们还可以用高等教育招生数的变化来反映，普通高等教育一直以来都是我国高等教育的一个最重要的组成部分。从图5-4可以看出，我国普通高等教育本专科历年招生情况也如出一辙。

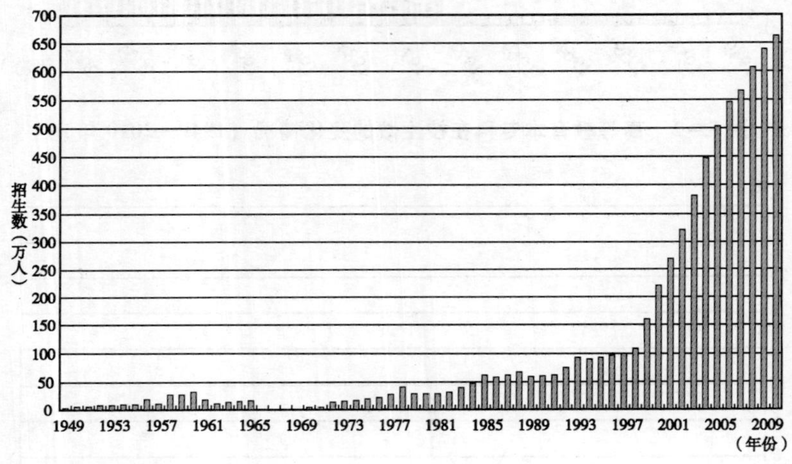


**图5-4　历年普通高等教育本专科招生情况（1949—2010年）**

从这些历史数据我们可以看出，其实，高等教育本专科在校生数和招生数的变化是与高等教育界、教育部门和其他政府部门对高等教育的作用和规模的认识分不开的。回顾历史我们发现，自70年代末以来，我国高等教育界及教育部门对高教规模曾开展过多次讨论，举行了多次会议，分别出现过"大发展论"（80年代初中期）、"严格控制论"（80年代末期）、"适度发展论"（90年代初期）、"大规模发展"（90年代末期）等观点。许多教育学界专家基本上赞成稳步发展。如周贝隆指出："在适应需要的前提下，高教的规模和高级专门

① 谢作栩、黄荣坦：《中国高等教育规模发展宏观调控模型研究》，《高等教育研究》2004年第6期。

人才的数量上，我赞成宁紧勿松、宁少勿多。”① 费孝通也认为专门人才是越用才干越大，越闲置越不行。但许多经济学家的考量就不太一样了，当有些特殊需要的时候，往往会普遍赞成高等教育的大发展，如1999年的大规模扩招，其实主要目的之一就是拉动内需、保证经济的发展。

## 二　我国高等教育规模的计量回归分析

根据上一章我们提出的几个指标，我们建立初步的高等教育规模的计量模型。

$$student_t = f(people_t, gdp_t, engeer_t, sanchan_t, cityratio_t, teacher_t) + \varepsilon_t$$

如上一章所言，我国许多学者从不同的视角对高等教育的规模进行过实证分析，包括国内历史视角和国际比较视角。然而有些学者在利用时间序列数据进行回归分析时，并没有对时间序列数据进行相应的处理或变换，而是直接拿原始数据进行最小二乘法估计，同时也没有进行各种协整性检验（如薛家宝，2001；米红等，2003；韩翠萍等，2006；陈立文等，2006；等等），这样做的结果有可能会导致“伪回归”（spurious regression）问题②。此外，有些学者在运用某些时序数据时，如GDP、人均GDP等，并没有按可比价进行折算，因此，不同年份间并不具有可比性，不能直接拿来进行计量分析。

本书中所选取的是1978—2010年的时间序列数据。时间序列数据分析的一个难点是变量的平稳性考察，因为大部分整体经济时间序列都有一个随机趋势，这些时间序列被称为“非平稳性”时间序列，当用于平稳时间序列的统计方法运用于非平稳的数据分析时，人们很容易做出完全错误的判断（陈焰、陈永志，2004）。动态计量经济理论要求在进行宏观经济实证的分析时，首先必须进行变量的平稳性检

① 周贝隆：《关于我国教育发展战略的研究》，四川教育出版社1991年版，第13页。

② 所谓伪回归现象，是指当随机变量服从单位根过程时，即使变量之间不存在任何线性关系，回归后得到的系数估计值也有显著的t统计值，如果就这样用t统计值作判断，就容易形成错误的结论。

验，否则分析时会出现上述所谓的“伪回归”现象，以此做出的结论很可能是错误的。

对于平稳的数列，我们可以直接用最小二乘法进行估计；对于非0阶单整的序列，则可用协整检验进行分析，因为对于不同时间序列变量，只有在协整的情况下，才可能存在一个长期稳定的比例关系。所谓协整技术就是指用来处理、分析非平稳时间序列之间是否存在长期均衡关系以及各变量之间的信息反馈等的一种定量分析技术（格兰杰，Granger，1987）。从协整分析的角度看，大部分经济变量的时间序列都具有非平稳的特点，他们的均值和方差随时间变化而变化，不具备方差齐性和均值为常数的要求，所以他们属于整变量。在这一条件下，使用传统意义上的OLS估计法进行变量之间关系的分析会受到一定的局限。不过，如果这些变量通过一阶差分可以获得平稳性的话，那么它们遵循一阶整过程，而且如果遵循一阶整过程的变量之间的偏差是平稳的话，那么它们就是协整的（在这里，为了简便起见我们把分析限定在一阶），在这一条件下OLS法仍然有效。这样，通过对变量之间的协整分析会得到更多的解释，因为如果变量之间的关系是协整的话，它们之间应该存在一个长期均衡的关系，在这一关系下，任何变量的短期偏离最终会回到其长期的均衡上来，并且变量之间应该具有一种相互之间的信息反馈（当然这是有关协整最简单的解释）。一些经济总量指标如GDP等，一般来说都可能具有非平稳序列的统计特征，因为他们均值和方差在总体上随时间的推移而增长。但是如果这些指标经过一次差分可以平稳化并可以被证明他们之间的关系是协整关系，那么从长远看，他们之间应具有一个长期并且均衡的关系。在短期内这些变量受系统内部或外部力量的影响可能偏离均值，但只要这一长期关系是均衡的，这种偏离随时间的推移最终会回到均衡状态。

如上所述，在经济学中研究变量，特别是非平稳变量之间的关系，通常采用协整检验（Cointegration Test）和格兰杰因果（Granger Causality Test）检验。而进行协整检验和格兰杰因果检验之前，首先必须进行序列的平稳性检验。因此，一个完整的处理过程可描述为时间序列的单位根检验、变量之间的协整检验和格兰杰因果关系检验。具体原理可以参考附录。而对于平稳的数据，我们仍然可以使用最小二乘法进行估计。因此，首先必须对数据的平稳性做出判断，即单位根过程检验。

（一）单位根检验

为了避免变量之间的非线性关系，同时为了减少变量的波动，我们对各种变量进行了自然对数的变换。通过绘制水平序列曲线图，我们发现 1978—2010 年的总人口数的自然对数（lnpeople）、实际 GDP 的自然对数（lngdp）、GDP 增长率、恩格尔系数的自然对数（lnengeer）、城镇人口比重的自然对数（lncityratio）、第三产业占 GDP 比重的自然对数（lnsanchan）以及各类高校本专科在校生数的自然对数（lnstudent）和专任教师数的自然对数（lnteacher），其基本上都呈现出不稳定性，而其一阶差分序列图，变化趋势较为平稳。具体如图 5-5—图 5-8 所示。以下的单位根检验将对这一判断加以证实。

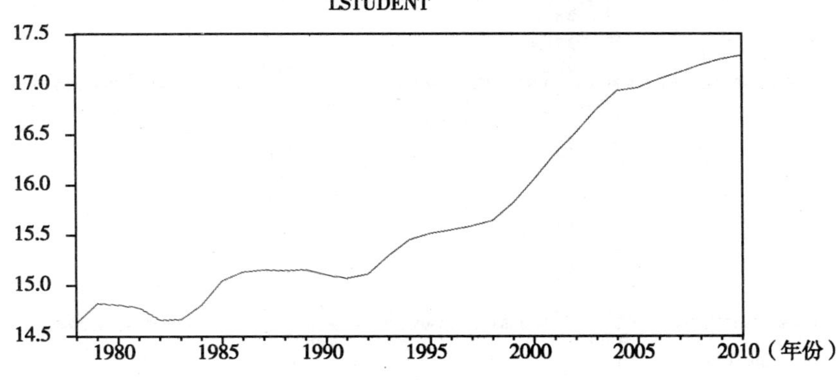


**图 5-5　本专科在校生数自然对数序列的水平序列图**

下面，我们根据有关单位根检验的基本原理和方法，用 Eviews6.1 统计软件对我国 1978—2010 年的相关指标和数据进行单位根检验。

经过 ADF 单位根检验，我们发现，1978—2010 年的总人口数（people）的自然对数（lnpeople）、实际 GDP 的自然对数（lngdp）、GDP 的增长率（gdpgrow）、恩格尔系数的自然对数（lnengeer）、城镇人口比重的自然对数（lncityratio）、第三产业占 GDP 比重的自然对数

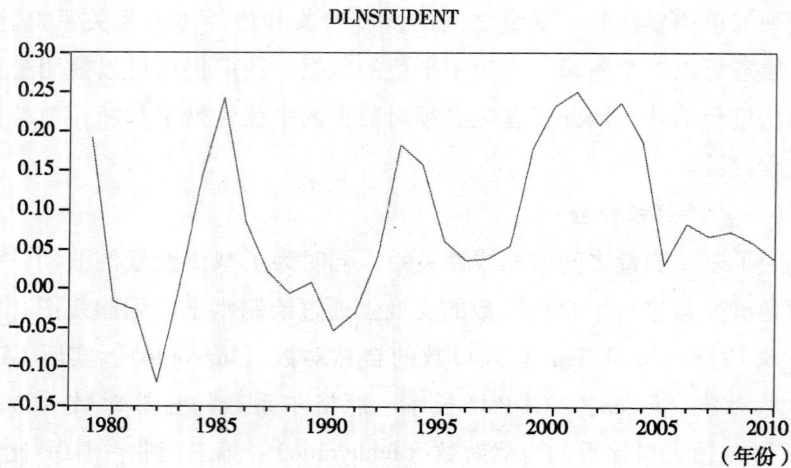


**图 5-6　本专科在校生数自然对数序列的一阶差分序列图**

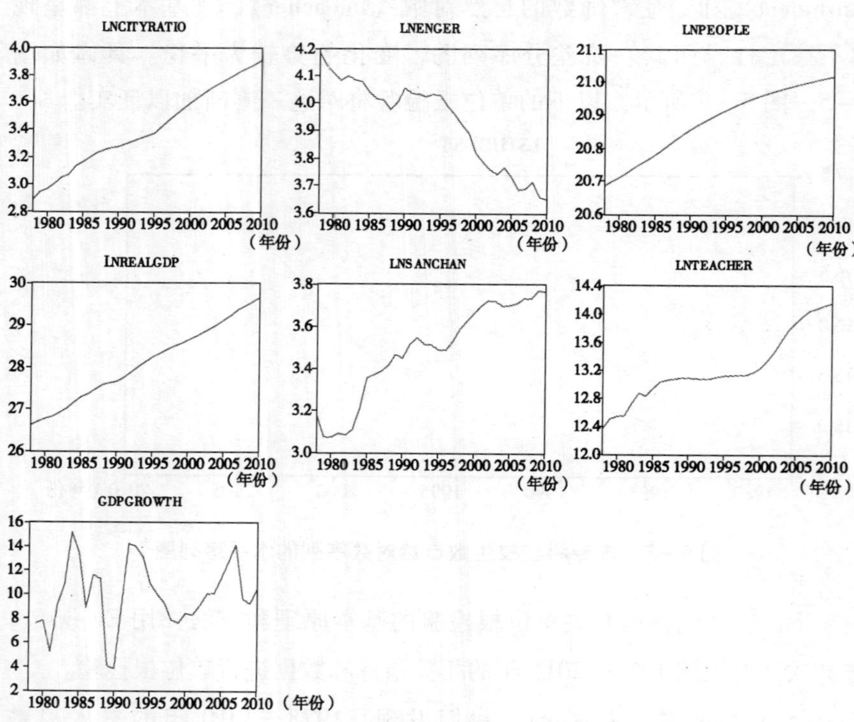


**图 5-7　各解释变量对数数值的水平序列图**

（lnsanchan）以及各类高校本专科在校生数的自然对数（lnstudent）和专任教师数的自然对数（lnteacher）都是非平稳的时间数列，而这

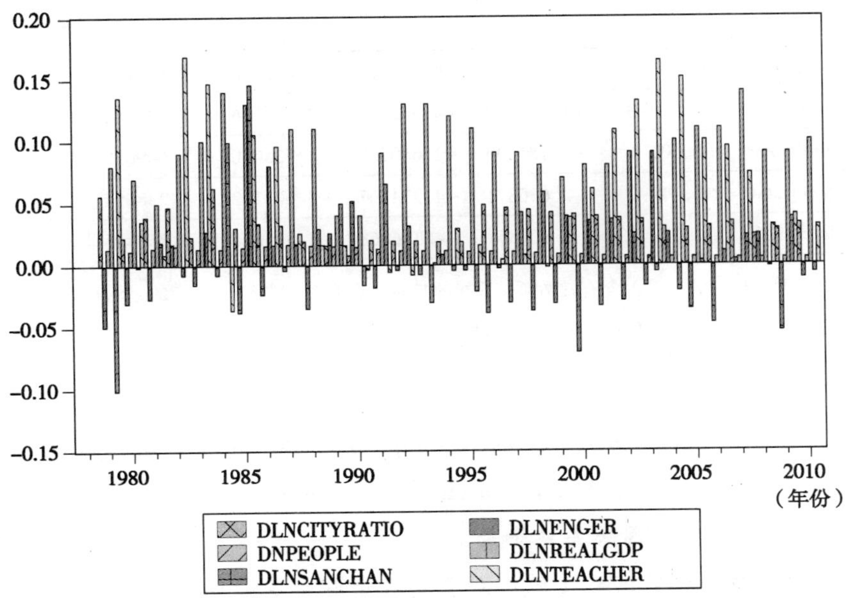


**图 5－8　各解释变量对数数值的一阶差分序列图**

些数列进行一阶差分之后，经检验均为平稳数列，即以上变量均为 I（1）过程。单位根检验的具体结果如表 5－1 所示。

**表 5－1　部分指标数据的单位根检验结果**

| 变量 | （C，T，K） | ADF 值 | 1% 临界值 | 5% 临界值 | 10% 临界值 | 平稳性 |
|---|---|---|---|---|---|---|
| lnpeople | （C，T，8） | －3.077981 | －4.532598 | －3.673616 | －3.277364 | 否 |
| dlnpeople | （0，0，8） | －7.092887 | －2.699769 | －1.961409 | －1.606610 | 是 |
| lngdp | （C，T，2） | －2.441432 | －4.339330 | －3.587527 | －3.229230 | 否 |
| dlngdp | （C，0，1） | －3.884259 | －3.724070 | －2.986225 | －2.632604 | 是 |
| gdpgrow | （0，0，2） | －0.282187 | －2.660720 | －1.955020 | －1.609070 | 否 |
| dgdpgrow | （0，0，6） | －3.808957 | －2.685718 | －1.959071 | －1.607456 | 是 |
| lnengeer | （C，T，0） | －1.038280 | －4.339330 | －3.587527 | －3.229230 | 否 |
| dlnengeer | （0，0，0） | －3.182985 | －2.656915 | －1.954414 | －1.954414 | 是 |
| lnsanchan | （C，T，1） | －2.143412 | －4.356068 | －3.595026 | －3.233456 | 否 |
| dlnsanchan | （0，0，0） | －3.342849 | －2.656915 | －1.954414 | －1.954414 | 是 |
| lnteacher | （C，T，10） | －2.892228 | －4.532598 | －3.673616 | －3.277364 | 否 |
| dlnteacher | （0，0，0） | －1.938492 | －2.656915 | －1.954414 | －1.609329 | 是 |

续表

| 变量 | (C, T, K) | ADF 值 | 1%临界值 | 5%临界值 | 10%临界值 | 平稳性 |
|---|---|---|---|---|---|---|
| lnstudent | (C, T, 8) | -1.743890 | -4.532598 | -3.673616 | -3.277364 | 否 |
| dlnstudent | (0, 0, 1) | -2.181896 | -2.660720 | -1.955020 | -1.609070 | 是 |
| lncityratio | (C, T, 2) | -2.636871 | -4.374307 | -3.603202 | -3.238054 | 否 |
| dlncityratio | (C, T, 0) | -3.801851 | -4.356068 | -3.595026 | -3.233456 | 是 |

说明：C 指的是是否含有常数项，T 指的是是否含有时间趋势，K 指的是滞后阶数，滞后阶数的选择是根据 AIC 和 SIC 标准自动选择的。

因此，上述计量模型改写为：

$$\ln student_t = f(\ln people_t, \ln gdp_t, \ln engeer_t, \ln sanchan_t, \ln cityratio_t, \ln teacher_t) + \varepsilon_t$$

（二）格兰杰因果关系检验

我们根据 EVeiws6.1 软件对上述六个解释变量及本专科在校生数进行格兰杰因果关系检验，具体结果如表 5-2 所示。

**表 5-2 格兰杰因果关系检验结果**

| 零假设 | 观察值 | 滞后阶数 | F 统计值 | 相伴概率 | 结论 |
|---|---|---|---|---|---|
| LNTEACHER does not Granger Cause LNSTUDENT | 31 | 2 | 0.70716 | 0.50441 | 接受 |
| LNSTUDENT does not Granger Cause LNTEACHER | 31 | 2 | 3.46007 | 0.05025 | 拒绝 |
| LNSANCHAN does not Granger Cause LNSTUDENT | 31 | 2 | 2.85403 | 0.08009 | 拒绝 |
| LNSTUDENT does not Granger Cause LNSANCHAN | 31 | 2 | 0.08078 | 0.92268 | 接受 |
| LNPEOPLE does not Granger Cause LNSTUDENT | 31 | 2 | 6.44040 | 0.00659 | 拒绝 |
| LNSTUDENT does not Granger Cause LNPEOPLE | 31 | 2 | 0.58983 | 0.56334 | 接受 |
| LNGDP does not Granger Cause LNSTUDENT | 31 | 2 | 4.94557 | 0.01738 | 拒绝 |
| LNSTUDENT does not Granger Cause LNGDP | 31 | 2 | 0.23221 | 0.79479 | 接受 |
| LNENGEER does not Granger Cause LNSTUDENT | 31 | 2 | 3.24746 | 0.05904 | 拒绝 |
| LNSTUDENT does not Granger Cause LNENGEER | 31 | 2 | 1.40496 | 0.26751 | 接受 |

续表

| 零假设 | 观察值 | 滞后阶数 | F 统计值 | 相伴概率 | 结论 |
|---|---|---|---|---|---|
| LNCITYRATIO does not Granger Cause LNSTUDENT | 31 | 2 | 9.83946 | 0.00097 | 拒绝 |
| LNSTUDENT does not Granger Cause LNCITYRATIO | 31 | 2 | 0.10178 | 0.90367 | 接受 |
| GDPGROW does not Granger Cause LNSTUDENT | 31 | 2 | 4.71524 | 0.02035 | 拒绝 |
| LNSTUDENT does not Granger Cause GDPGROW | 31 | 2 | 0.05939 | 0.94250 | 接受 |

通过表 5－2 我们发现，专任教师数并不是在校生数的格兰杰原因，相反，在校生数才是专任教师数的格兰杰原因。这也从一定程度上说明，我国历年的专任教师数是按照在校生数来配置的，而在校生数的扩展与否则并未考虑到专任教师数的数量。这也是为什么自 1999 年高校大规模扩招之后，高校生师比大幅度提高的原因之一。而另外五个解释变量，GDP、三产比重、总人口数、恩格尔系数以及城镇人口比重则均为在校生数的格兰杰原因；反之则不成立。

（三）约翰森（Johansen）协整检验

协整的本质就是，虽然对单个的时间序列而言是不平稳的，但两个或两个以上不平稳的时间序列，如果它们之间存在协整关系，则它们的某种线性组合是平稳的。因此，协整分析的经济意义在于，对于两个具有各自长期波动规律的变量，如果它们之间是协整的，则存在一个长期的均衡关系，反之，则不存在一个长期的均衡关系。

以往研究成果在检验不同经济变量间协整关系时，主要使用两种检验方法：一种是基于回归残差的 EG 两步法协整检验，主要适用于检验两个变量之间的协整关系；另一种是基于回归系数约翰森（Johansen）协整检验，适用于多变量之间协整关系的检验，而且可以精确地确定协整向量的数目。因此，本书选用约翰森极大似然法进行变量间的协整关系检验。约翰森极大似然法能判定协整方程的个数，该数被称为协整秩。协整似然比检验假设为：

$H_0$：至多有 r 个协整关系；$H_1$：有 m 个协整关系。

检验迹（trace）统计量为：

$$Q_r = -T\sum_{i=r+1}^{m}\log(1-\lambda_i)$$

其中 $\lambda_i$ 为大小排第 i 的特征值，T 为观测期总数。这不是一个独立的检验，而是对应于 r 的不同取值的一系列检验。从检验不存在任何协整关系的零假设开始，然后是最多一个协整关系，直到最多 m - 1 个协整关系，共进行 m 次检验，备选假设不变。

约翰森极大似然法的分析框架包含以下五种可能的情况：序列有均值，协整方程没有截距项；序列有均值，协整方程有截距项；序列有均值和线性趋势项，协整方程没有截距项；序列有均值和线性趋势项，协整方程有截距项和线性趋势项；序列有均值、线性和二次趋势项，协整方程有截距项和线性趋势项。对于给定的协整秩，上述五种检验的严格性递减。

约翰森协整检验模型实际上是对无约束的 VAR 模型进行协整约束以后得到的 VAR 协整检验模型，该 VAR 模型的滞后期是无约束 VAR 模型的一阶差分变量的滞后期。一般的研究结论认为，年度数据的滞后期为 1—2，季度数据的滞后期为 4—5，月度数据的滞后期为 12—13。因此，我们选取无约束的 VAR 模型的最优滞后期为 2。当我们试图用这六个解释变量建立 VAR 模型时，由于本书样本数量有限，结果显示存在过多的解释变量而无法建模。由于考虑到三产比重能在一定程度上反映社会对受过高等教育者的需求（人力需求）大小，因此，我们保留三产比重这一解释变量，删除城镇人口比重这一解释变量。经过不断的反复试验，我们发现这五个解释变量的效果均较好。然而由于文中即将提到的格兰杰因果关系检验结果——教师数不是学生数的格兰杰原因，因此，我们最终将解释变量确定为 lnengeer、lngdp、lnsanchan 以及 lnpeople。

由于 VAR 的最优滞后期已经确定为 2，因此约翰森协整检验的 VAR 模型的滞后期确定为 1。通过模型选择的联合检验，确定常数项约束在协整空间内，且协整方程有截距的模型为最合适的协整检验模型。运用约翰森协整检验法，结果见表 5 - 3。

表 5－3　　Johansen 检验（1）结果

| 协整关系个数的原假设 | 特征值 | 迹检验值 | 5% 临界值 | 1% 临界值 | 结论 |
|---|---|---|---|---|---|
| None ** | 0.866855 | 99.50211 | 68.52 | 76.07 | 拒绝 |
| At most 1 | 0.586299 | 47.07795 | 47.21 | 54.46 | 接受 |
| At most 2 | 0.363176 | 24.13003 | 29.68 | 35.65 | 接受 |
| At most 3 | 0.324105 | 12.39721 | 15.41 | 20.04 | 接受 |
| At most 4 | 0.081579 | 2.212574 | 3.76 | 6.65 | 接受 |

以上说明这几个变量在 1% 的水平下存在有且仅有一个协整关系，说明确实存在稳定的长期均衡关系。约翰森标准化协整系数如表5－4所示，其中，（）内为标准误；[ ] 为 t 统计值。

表 5－4　　约翰森协整方程（1）标准化系数

| LNSTUDENT | LNSANCHAN | LNPEOPLE | LNGDP | LNENGEER | C | Log likelihood |
|---|---|---|---|---|---|---|
| 1.000000 | －0.932382 | 7.356480 | －0.994953 | 2.824045 | －149.5388 | 394.2943 |
| | (0.21779) | (1.55711) | (0.19093) | (0.24122) | | |
| | [－3.82194] | [4.72444] | [－5.21121] | [11.7075] | | |

因此，协整回归方程为：

$$\text{lnstudent} = 149.5388 + 0.994953 \times \text{lngdp} + 0.932382 \times \text{lnsanchan} - 7.35648 \times \text{lnpeople} - 2.824045 \times \text{lnengeer} \quad (1)$$

上面所给出的协整回归方程变量估计系数基本上均符合经济意义。根据此长期均衡方程各解释变量的系数大小，我们发现对本专科在校生数影响最大的是总人口数，这非常符合我国是人口大国的国情；其次为恩格尔系数；接下来是 GDP 发展水平以及三产比重。而总人口数自然对数的系数之所以为负，可能是由于以下两个原因：一为人口中老龄人口较多，而适龄人口相对较少的关系；二为高等教育的历史规模值相对而言总体较小的关系。此方程中各变量的 t 检验均 1% 的水平上显著，整体 F（＝36.56712）检验通过，拟合优度为

0.92，方程残差 vecm1[①]也通过单位根检验表明是平稳的，这些均表明协整回归方程的模型是正确的，代表了几个变量间的长期均衡关系。

由于我们下文将试图把协整回归方程用于未来 20 年高等教育规模的预测，然而我们发现，由于未来的 GDP 指数没有办法获知，所以，如果在未来 20 年均采用 GDP 数值的话，将无法计算出实际的 GDP 值及其对数值，因而将名义 GDP 值代入方程可能会大大高估未来的高等教育规模。因此，为了解决这一问题，我们试图将 GDP 对数值转化为 GDP 增长率进行 VAR 建模及约翰森检验，结果发现也通过了协整检验，如表 5－5 所示。

**表 5－5　　约翰森检验（2）结果**

| 协整关系个数的原假设 | 特征值 | 迹检验值 | 5%临界值 | 1%临界值 | 结论 |
|---|---|---|---|---|---|
| None ** | 0.875684 | 117.1008 | 68.52 | 76.07 | 拒绝 |
| At most 1 ** | 0.773209 | 62.89265 | 47.21 | 54.46 | 拒绝 |
| At most 2 | 0.358372 | 24.31576 | 29.68 | 35.65 | 接受 |
| At most 3 | 0.296592 | 12.77835 | 15.41 | 20.04 | 接受 |
| At most 4 | 0.130343 | 3.631073 | 3.76 | 6.65 | 接受 |

**表 5－6　　约翰森协整方程（2）标准化系数**

| LNSTUDENT | LNSANCHAN | GDPGROW | LNENGEER | LNPEOPLE | C | Log likelihood |
|---|---|---|---|---|---|---|
| 1.000000 | －1.421384 | －0.054038 | 4.027332 | 3.386244 | －96.52843 | 270.7430 |
| | (0.29919) | (0.00548) | (0.21879) | (0.75273) | | |
| | [－4.88440] | [－9.85355] | [18.4076] | [4.49862] | | |

因此，其协整回归方程为：

$$lnstudent = 96.52843 + 1.421384 \times lnsanchan + 0.054038 \times gdpgrow - 4.027332 \times lnengeer - 3.386244 \times lnpeople \qquad (2)$$

① $Vecm1 = lnstudent - 149.5388 - 0.994953 \times lngdp - 0.832382 \times lnsanchan + 7.35648 \times lnpeople + 2.824045 \times lnengeer$.

此协整回归方程变量的各方面统计检验如均衡方程（1）一样，估计系数基本上均符合经济意义，各变量的 t 检验均 1% 的水平上显著，整体 F（=44.5288）检验通过，拟合优度为 0.82，方程残差 vecm2[①] 也通过单位根检验表明是平稳的，这些均表明协整回归方程的模型是正确的。

## 第二节 我国高等教育规模的定量预测

如果我们要根据模型进行预测，那首先要考虑此模型的预测精度问题。那么，这个模型的预测精度到底好不好呢？现实生活中，人们往往将预测精度等同于拟合精度，认为拟合精度高的预测就是好的预测，把拟合精度作为选择方法或预测模型的唯一标准。实际上，拟合精度与预测精度在本质上是不同的，具有不同的内涵。拟合精度反映的是模型对历史统计数据拟合的精确程度，它反映的是对过去经济规律的适合程度；而预测精度反映的是模型对未来的预估能力。某模型具有高的拟合精度，它不一定就具有高的预测精度。为了解决这一问题，人们设想出了所谓的交叉检验方法：即将已有的历史数据分为两个部分，大部分数据作为样本用来建立模型，小部分数据用来作外推检验，从而得出对这一模型预测精度的某种估计。但交叉检验法要求拥有较多的样本，而且预测精度的估计值往往与数据分组的划分有关，另外在已有数据基础上进行交叉检验的结论未必符合已有数据之外的未来情况。因此，交叉检验法在实际应用中并非完全可行。我们在计量模型中所选取的样本只有 32 年，所以也不可能用交叉检验法来提高拟合精度和预测精度。尽管如此，我们姑且认可此长期方程的拟合优度。

虽然预测方法是一种技术，需要按一定规则来进行；但是，另一方面，未来是不确定的，过去和现在的资料不能完全反映未来，预测

---

① Vecm2 = lnstudent − 96.52843 − 0.054038 × gdpgrow − 1.421384 × lnsanchan + 3.386244 × lnpeople + 4.027332 × lnengeer.

技术不能完全把握未来，预测过程中的每个环节都需要预测者进行主观判断、合理选择。正如美国的一位经济学家所说：“一个好的模型使用者（经济预测者），可以利用一个较差的经济模型进行较好的经济预测；而一蹩脚的模型使用者，即使给他一个好的经济模型，也不能搞出一个象样的经济预测。”① 然而，对于一个复杂的教育系统，由于影响它的因素有很多，无论一个预测者的综合素质有多高，也很难完全去把握它，在作预测时不可能完全杜绝预测误差的产生。而且，即使我们有可能完全考虑到了外部因素的变化，但是，根据混沌理论，一个系统的随机性有可能是仅由内部非线性机制作用产生的，而与外部的噪声或扰动无关。这实际说明，即使外部条件没有发生变化，也可能由于系统内部的非线性机制作用的结果，使系统发生大的波动，从而导致预测失误。因此，在计量过程中，存在拟合误差和预测误差是完全不可避免的。关键在于我们如何看待模拟的结果和预测的结果。

根据以上最终确定的高等教育规模长期均衡模型进行我国高等教育规模的预测，需要以经济预测和人口预测为基础。应该说，如果我们拥有有关解释变量的未来信息，那么我们就可以预测出未来的高等教育规模。我们发现，在这四个解释变量中，未来的人口数、GDP、三产比重以及恩格尔系数都可以想方设法获知。因此，对未来高等教育规模的定量预测，我们可以据此方程进行。下面我们将着手获知这四个解释变量的预测值。

## 一 高等教育规模中长期预测结果

国家统计局许宪春（2005）在《未来15年中国生产力发展的展望与预测》报告中指出，根据历年国民生产总值的增长情况和他国经验，可以预计，2010—2015年间的GDP年均增长率可以达到8%左

① 转引自：张志超：《浅议利用经济模型进行经济预测的有关问题》，《南开经济研究》1996年第3期。

右；2015—2020年间的GDP年均增长率可以达到7%左右。[①] 据张立群（2010）测算，预计2010—2020年中国GDP年均增长率为7.5%左右，2020年人均GDP达到7358美元；预计2020—2030年中国GDP年均增长率为6.2%左右，到2030年，人均GDP达到13217美元。[②] 另据李善同（2011）估算，“十二五”期间，预计经济增长速度可望达到7.9%，接近8%左右；2016—2020年年均增长速度可望保持在7%左右，2030年前可望保持6%左右的增长速度。[③] 据林毅夫（2014）估计，未来15年中国经济增速仍有年均7.5%—8%的潜力[④]。据此，我们大致估计2020年、2030年的GDP增长率分别为7%、6%。

对于恩格尔系数的预测，根据历年的恩格尔系数，我们可以发现，恩格尔系数基本上是按照一年降一个百分点的规律下降的。据中国科学院（2010）研究表明，2020年城市恩格尔系数为30%，2030年为25%；农村恩格尔系数分别为2020年35%、2030年30%；城市化率分别为2020年55%—60%、2030年60%—65%。[⑤]。如果根据城乡恩格尔系数与各自的人口比重进行加权计算，我们可以得出2020年的城乡平均恩格尔系数分别为29%。2012年，城镇和农村的恩格尔系数分别为36.2%和39.3%，城镇和农村居民人口比重分别为52.6%和47.4%，因此，平均恩格尔系数为37.67%[⑥]。因此，总体上我们可以估算出2020年、2030年的恩格尔系数大体是

① 许宪春：《未来15年中国经济年均增长率将保持在8%左右》，http://finance.sina.com.cn 2005年11月17日20：53。

② 张立群：《2010—2030年中国经济发展趋势研究》，http：//www.esri.go.jp/jp/prj/2010/prj2010_ 03_ 03.pdf。

③ 李善同：《“十二五”至2030年中国经济增长前景依然精彩——访国务院发展研究中心研究员》，《中国经济时报》2011年7月8日，http：//theory.people.com.cn/GB/15112710.html。

④ 林毅夫：《未来十五年中国经济仍有7.5%—8%的增速》，《武汉晨报》2014年1月8日。

⑤ 牛文元：《中国科学发展报告2010》，科学出版社2010年版，第126页。

⑥ 中国统计局网站：http：//data.stats.gov.cn/workspace/index？m=hgnd。

29%、26%。

至于人口数，根据中国人口信息研究中心对中国人口发展的预测，2010 年和 2020 年的人口总量将分别达到 13.41 亿人和 14 亿人；2030 年人口总量将达到 14.5 亿人左右。据联合国最新的预测，到 2030 年时，中国人口数量将达到历史最高峰，为 14.6 亿，届时中国将实现人口数量和规模的“零增长”。[①] 因此，我们估算 2020 年、2030 年的人口数大致为 14 亿、14.5 亿。

有关第三产业占 GDP 的比重，邓于君在其博士论文[②]中认为，三产比重在 2015 年和 2020 年将分别达到 50% 和 60%。此外根据历年第三产业占 GDP 比重的情况，基本上是逐年上升。据张立群（2010）测算，预计 2010—2020 年中国三次产业增加值结构（按第一、二、三次产业排列，下同）分别为：5.7%、47.1%、47.2%；三次产业就业结构分别为：28.9%、28.9%、42.2%；城市化率 56% 左右。2020—2030 年，预计三次产业增加值结构（按第一、二、三次产业排列，下同）分别为：3.5%、45.6%、50.9%；三次产业就业结构分别为：20.6%、31%、48.4%；城市化率达到 64% 左右。[③] 另据李善同（2011）测算，2015 年三次产业结构依次为 7.8%、47.3%、44.9%；2020 年依次为 5.7%、47.1%、47.2%；2025 年依次为 4.5%、46.2%、49.3%；2030 年依次为 3.5%、45.6%、50.9%。[④] 据中国科学院（2010）研究表明，第三产业的比重 2020 年为 50%，2030 年为 60%。[⑤] 2012 年，第三产业对 GDP 的贡献率已经达到了

① 牛文元：《中国科学发展报告 2010》，科学出版社 2010 年版，第 153 页。

② 邓于君：《第三产业内部结构演变趋势研究》，博士学位论文，中山大学，2004 年，摘要。

③ 张立群：《2010—2030 年中国经济发展趋势研究》，http://www.esri.go.jp/jp/prj/2010/prj2010_03_03.pdf。

④ 李善同：《“十二五”至 2030 年中国经济增长前景依然精彩——访国务院发展研究中心研究员》，《中国经济时报》2011 年 7 月 8 日，http://theory.people.com.cn/GB/15112710.html。

⑤ 牛文元：《中国科学发展报告 2010》，科学出版社 2010 年版，第 125 页。

45.6%[①]。因此，本书估算2020年、2030年第三产业比重将分别为50%和60%。

据预测，2009年到2022年，大学适龄人口数将持续下降，由2008年的9376万人下降到2022年的7405万人，下降21%；2023年到2031年，大学适龄人口数将持续上升，由2022年的7405万人增加到2031年的8093万人，增加9%。因此，我们大致估算2020年为7300万人、2030年为8090万人。

由于GDP指数没有办法获知，所以无法采用2020—2030年的GDP总量对回归模型（1）进行预测。因此，我们可以根据协整回归方程（2）对2020和2030年进行预测，具体预测结果见表5－7。

**表5－7　　各指标的预测值**

| 变量 | 2020年 | 2030年 |
|---|---|---|
| 人口数（亿人） | 14 | 14.5 |
| GDP增长率 | 7% | 6% |
| 恩格尔系数（%） | 29 | 26 |
| 三产比重（%） | 50 | 60 |
| 学生数自然对数 | 17.21807 | 17.79763 |
| 学生数（人） | 30040878 | 53630700 |
| 高等教育适龄人口（万人） | 7300 | 8090 |
| 本专科在校生数入学率（%） | 41.15 | 66.29 |

从高等教育本专科在校生数的增长率预测值来看，似乎我国高等教育规模会一直保持持续增长的趋势，本专科生的毛入学率将会逐年提高。根据协整回归方程（2）预测，到2020年，由于高等教育适龄人口数的减少，高等教育本专科毛入学率有可能达到41.15%，基本上与《国家中长期教育改革和发展规划纲要（2010—2020年）》所设定的40%的目标相符。这在一定程度上说明本书所建立的预测方程是有效的。根据预测结果，我国高等教育毛入学率到2030年则有可

① 中国统计局网站：http：//data. stats. gov. cn/workspace/index？m = hgnd。

能达到66.29%，进入超过50%的普及化阶段。那么究竟可不可能发生这样的情况呢？

有国内学者研究发现，2008年以后高等教育适龄人口开始下降，2020年的适龄人口仅为2008年的58%。2010—2020年即使高等教育规模不变，高校不再扩招，到2020年高等教育毛入学率也会达到36%—56%。[①] 根据拱雪、李克强等人的研究，结果发现即使按照速度下限发展，高等教育毛入学率2020年也会超过教育部门制定的毛入学率40%的目标。[②] 根据教育部教育发展研究中心张力的观点，今后15年高等教育规模若以不同速度发展的话，高等教育毛入学率将会不同程度地增加。具体如表5－8所示。可以看到，本书2020年的预测结果与张力预测的低方案结果比较一致。

**表5－8　未来15年高等教育规模速度的增长方案比较**

| | | 2010年 | | 2020年 | |
|---|---|---|---|---|---|
| 18—22岁学龄人口数 | | 11582万人 | | 8375万人 | |
| 2004年为基点的年均增长率 | | 高教在学人数 | 毛入学率 | 高教在学人数 | 毛入学率 |
| 低方案 | 3% | 2388万人 | 20.6% | 3209万人 | 38.3% |
| 中方案 | 5% | 2680万人 | 23.1% | 4366万人 | 52.1% |
| 高方案 | 8% | 3174万人 | 27.4% | 6852万人 | 81.8% |
| 特高方案 | 10% | 3543万人 | 30.6% | 9190万人 | 109.7% |

资料来源：张力：《中长期我国高等教育发展形势》，http：//www.hie.edu.cn/ltzt/bzh/zlzr.htm。

然而回顾历史，我们不难发现，其实我国高等教育毛入学率的目标也一再被刷新和修订：1997年全国高等教育毛入学率为9.1%，1998年为9.8%，1999年为10.5%，2000年为11.3%。《全国教育事业"九五"计划和2010年发展规划》提出的到2010年本专科和研究生在

① 谢作栩、黄荣坦：《中国高等教育规模发展宏观调控模型研究》，《高等教育研究》2004年第6期。

② 拱雪、周亚、李克强：《高等教育发展政策制定的模型分析及其对中国的实证》，《北京师范大学学报》（自然科学版）2007年第1期。

校生达980万—985万的原定目标，其实提前在2000年基本实现。2001年，我国政府在《公共教育事业发展第十个五年计划》中，将原定2010实现高等教育规模和入学率的目标进一步提前到2005年实现；2001年，全国高等学校毛入学率为13.3%；到2002年，各级各类高等教育在学人数达1600万，高等教育毛入学率达15%，高等教育大众化目标的实现比“十五”计划又提前了3年。因此，实际上，高等教育大众化目标的实现整整比预计的提前了8年。教育发展规划与执行结果存在较大差距，要么反映出计划制定时不科学、不严谨，缺乏论证，致使在执行过程中出现较大偏差，政府不得不进行较大的人为调整；要么反映出在实际工作过程中，有关部门不按规划办事，另搞一套，长官意识，想怎么搞就怎么搞，随意性比较大。

“十一五”的高等教育发展目标是到2010年在校生要达到2800万人左右，毛入学率达到25%—27%①，实际上2010年达到了26.5%，因此还比较精准。“十二五”的高等教育发展目标是高等教育普及率稳步提高，每10万人口在校大学生数达到6700名，未提及高等教育毛入学率数额。此外，据各大机构和学者研究认为，2030年一个极其重要的转折年，中国有可能成为第一大经济体，城市化、现代化等进程也会发生很大改变。因此，本书做出的2030年全面进入普及化的高等教育阶段的这一中长期预测情况也不无发生的可能性。不管怎样，可以看出，本书所做的2020年和2030年的中长期预测结果基本符合事实判断，预测结果最终极有可能发生。

## 二　相应的政策建议

根据上文的预测，我们认为高等教育规模在经历了最近几年的较为稳定发展以及高等教育毛入学率的稳步上升之后，到2015年，由于高等教育适龄人口的大幅度逐年减少，高等教育规模的进一步稳步扩大极有可能促使高等教育毛入学率的飙升。因此，到2020年，高

---

① 邬大光：《高等教育发展与制度创新》，http://www.confucius.cn.net/view_ mulu.asp?id = 15000&zbt = G4。

等教育毛入学率极有可能突破原定的40%目标，以及10万人口中的6700名在校大学生数目标，到2030年则有可能达到66.3%。

我们在上文曾经提出由于我国的特殊情况，在进行高等教育规模的定量预测的基础上，我们进行最终预测和规划高等教育的发展时，必须充分考虑政治和政策因素。因此，笔者建议教育部门如果想要按原定的规划目标发展的话，则必须在今后的高等教育招生中保持清醒的头脑，积极进行干预和调控，尤其是2015年之后，尽量减少高等教育规模的过度甚至适度扩张，从而使高等教育发展更加稳定。

然而，笔者始终认为我国未来十年也好，二十年也罢，不论是继续适当扩大高等教育规模，还是稳步发展高等教育规模，其根本出发点在于寻求到一个高等教育最佳发展规模以更有效地促进我国经济的发展和人们对教育的需求。因此，原定的目标也许也应该适时地根据变化了的情况进行适当的修订。也就是说，按不按原定规划走并不是唯一的重要标准，更多地应该是全面考虑社会经济及人们的各种变化情况，以达到社会、经济、教育等方面的和谐、健康的发展和居民对高等教育需求的满足。

## 第三节 不同发展水平国家高等教育规模的比较

如第三章所述，高等教育规划中经常被使用的方法之一就是国际比较法。下面，我们从横向角度看看他国高等教育规模的发展历史及其规律，从而可以进行比较和借鉴。

根据钱纳里的类型分析方法，我们可以把世界各国分为四个部分。当然，这个划分是一个动态的概念和指标。这正如钱纳里所阐述的“发展型式”概念一样。钱纳里认为，发展型式，一般来说，可以定义为伴随收入或其他发展指数水平的提高，在经济或社会结构的任何重要方面所出现的系统变化。① 把发展作为从一个相对固定的结

① ［美］钱纳里、［以］塞尔昆：《发展的型式：1950—1970》，李新华译，经济科学出版社1988年版，第12页。

构向另一个结构的多维过渡这种概念，也为分析单个国家发展过程之间的关系提供了基础。此处考虑的这一阶段始于1952年，那时只有14个国家（美国、加拿大、瑞士、瑞典、澳大利亚、英国、丹麦、挪威、比利时、法国、联邦德国、芬兰、荷兰和奥地利）就10个基本过程而言可划为“发达国家”。正如库兹涅茨表明的，它们在这些和其他方面构成一个相当同质的集团。20年来，又有9个国家（新西兰、日本、以色列、波多黎各、意大利、捷克斯洛伐克、民主德国、苏联和爱尔兰）完成了这一过渡，如今在几乎所有10个方面具有与第一组类似的结构。①

类似地，在我们把世界各国划分为四类时也有这样一个变动的含义。如据《1982年世界发展报告》，1980年市场经济工业国的城市化水平达到78%，非市场经济工业国为62%，中等收入的国家为45%，低收入国家为17%，中国和印度亦为17%。按中国的统计，1980年中国的城市化水平是19.39%，略高于低收入国家的平均水平。② 而随着各国经济水平的发展，世界总体发展水平都在提高。因此，对于各国发展水平的划分也出现了新的变化。我们就以2004年人均GNI为指标，根据世界银行的分类，把世界各国分成四类：低收入国家组（LIC，低于825美元）、中低收入国家组（LMC，826—3255美元之间）、中高收入国家组（UMC，3256—10065美元之间）以及高收入国家组（high income，10066美元以上）。③ 我们国家2004年的人均GNI为1290美元，仍属于中低收入国家组。对此，我们可以建立不同发展水平国家的高等教育规模计量模型，从中比较我国的发展状况，为我国今后高等教育规模的发展提供和借鉴他国经验。目前，本书由于时间和数据限制，在此没能做具体的计量分析。而且此类研究国内学者做得相对比较多，如孙绍荣等（2000、2001、

① ［美］钱纳里、［以］塞尔昆：《发展的型式：1950—1970》，李新华译，经济科学出版社1988年版，第18—19页。

② 世界银行：《1982年世界发展报告》，中国财政经济出版社1982年版，第148页。

③ World Bank, *World Development Report*, 2006.

2004)、余培果等（2002)、胡咏梅等（2004)、岳昌君（2004）等。这几位学者的研究在上一章中已做过介绍，在此不再赘述。

此外，中国教育与人力资源问题报告课题组也曾经根据国际比较法对我国教育发展目标的选择提供过一个参考的框架。该课题组将世界各国分为三大类。[①] 第一层次为人力资源发达国家；第二层次为人力资源中等发达国家；第三层次为人力资源欠发达国家。每一层次在人均受教育年限、人力发展指数、综合生产率、每百万人口科学家和工程师人数等方面都有自己的一些标准。

## 本章小结

本章根据上一章所提出的几个相关指标，建立了回归计量模型。通过对不同指标、不同模型的协整回归检验，本章最终选定了将人口数、实际 GDP（和 GDP 增长率）、三产比重及恩格尔系数作为解释变量，将在校生数作为被解释变量，并均取自然对数形式以使关系线性化。两个协整长期方程的各种指标均通过了显著性检验。在此基础上，本章根据相关指标的 2020 年的预测数，预测出 2020 年高等教育规模的发展速度仍将持续快速增长，到 2020 年极有可能再次突破原定 40% 的高等教育毛入学率目标，到 2030 年甚至有可能超过 66%。因此，仍需要政府进行适当的干预和调控，以使高等教育规模适度的超前发展。本章最后一部分指出，可以通过对不同发展水平国家组的分析，为我国高等教育规模的发展提供对比和借鉴。

---

① 具体参见中国教育与人力资源问题报告课题组《从人口大国迈向人力资源强国》，高等教育出版社 2003 年版，第 101 页。

# 第六章　高等教育教师及经费的规划和预测方法

## 第一节　高等教育教师规划和预测的方法

根据上一章有关在校生数和教师数的因果关系检验发现，在校生数的大小是教师数量多少的原因，而非我们通常所理解的“教师数是引起学生数的原因”。当然，这好像是一个“蛋生鸡”还是“鸡生蛋”的问题了，如果深究下去，没多大意义。至少在以往绝大多数国内外教育规划中，其规划思路一般就如我们在第四章所阐述的那样，即，在考虑学生规模子系统的时候必然会考虑教师这一影响因素；一旦学生规模子系统确定下来之后，就要依据相关的指标和规定并根据所确定下来的学生数来考虑教师的需求数。

当然，如果从高等教育的教师子系统本身来说，对于高等教育教师规划的方法，也可以选择从全面考虑影响其未来供需的因素出发的系统分析法。下面我们就试图全面地分析影响高等教育教师未来供给和需求的这两方面的因素。

### 一　影响高校教师未来需求和供给的因素

（一）影响高校教师未来需求的因素

国内外教育经济学专家普遍认为，影响教师未来需求的因素是多方面的。在众多的因素中，我们可以基本上把它们分为校外和校内两大因素。

1. 校外因素

影响未来教师需求的校外因素也很多。不过，主要涉及以下几个方面：人口增长速度；未来的人口年龄结构；未来的社会经济和科学技术发展水平。

（1）人口增长速度

毋庸置疑，在其他条件不变的情况下，人口增长越快，对高校教师的需求量越大。从我国未来十五年的人口预测来看，我国人口的增幅逐年下降，相应地，未来人口对高校教师的需求可能不会有很大的增加。

（2）未来的人口年龄结构

与人口增长速度相联系，还有一个人口年龄结构问题。年龄结构越轻，未成年人口在人口总数中所占比重越大，对教师的需求量也越大。这是因为人口年龄结构年轻化意味着学龄人口的比重相应增大，从而对教师的需求量增加。从第四章的分析我们可以看出，我国今后将步入老龄化，高等教育适龄人口数自 2008 年后逐年下降，因此，总体上，并不存在对高校教师的需求量增加的人口需求。

（3）未来社会经济和科学技术发展水平

对于未来社会经济和科技发展对教师需求的影响，专家们的观点大相径庭。许多人认为，未来社会经济和科技的发展对劳动者的素质将会提出更高的要求，从而将大大增加教师的需求量。一部分新马克思主义者认为，未来社会经济和科技革命的发展将加剧劳动力教育水平的两极分化，一方面要求少数人具有更高的普通和专业教育水平，另一方面对于大多数普通劳动者而言只需要具有一般教育水平即可，因此总体来说，未来社会经济和科技发展对高校教师的需求总量影响并不大。少数人认为，由于信息时代、网络时代的进一步发展，未来有可能会形成所谓的“无教师学校”，而且大学生完全有能力实现自我学习和提高，从而认为未来对高校教师的需求量将大大减少。古人云：“师者，所以传道授业解惑也。”由于教育是融教学与教育为一体的，因此，教育活动始终离不开教师群体及学校。因此，未来社会经济和科技的发展，有可能加速教师队伍结构的调整，但应该不会造成教师总需求量的大大减少。

2. 校内因素

根据大多数学者的观点，影响未来高校教师需求的校内因素一般取决于四个方面：学生数、师生比、离退休教师数以及流失率。教师需求还应考虑流失率和再次进入率。此外，教师结构和区域分布上的问题使得原本就困难的规划难上加难，有时短缺与剩余共存。

（1）未来学生数

在其他条件不变的情况下，未来教师数的多少直接取决于未来学生数的多少。

（2）生师比

显而易见，在学生数一定的情况下，学生与专任教师的比例越高，对教师的需求量越小；学生与专任教师的比例越低，对教师的需求量也就越大。师生比的一点变动也许会花费很大的成本，应该考虑经济标准；师生比降低一点也许教师数会发生较大变动，成本也会发生变动。因此，只要掌握了未来高等教育的学生数，我们就可以根据一定的生师比计算出对未来高校教师的毛需求。那么，根据什么标准来确定未来高等教育生师比的比例就成了最关键的问题。学者们普遍认为，从教育学的角度考虑，生师比较低一些，可以有利于提高教学质量。但是，如果这一比例过低，又会造成人力资源的浪费，所以，可以通过成本—收益分析等方法选择一种既能保证教育教学质量又不至于浪费人力资源的较为适中的比例。世界各国在确定生师比时，有的根据以往的趋势加以判断，有的根据国际的比较、借鉴他国，有的根据专管部门和专家的主观判断。

（3）离退休率

离退休率主要从年龄结构上反映。表 6－1 是 2005—2010 年专任教师的年龄分布情况。

**表 6－1　　2005—2010 年普通高校专任教师年龄分布情况**

| 年龄（岁）<br>年份 | 30 及以下 | 31—35 | 36—40 | 41—45 | 46—50 | 51—55 | 56—60 | 61—65 | 66 及以上 | 总计 |
|---|---|---|---|---|---|---|---|---|---|---|
| 2005 | 29.33 | 18.70 | 17.19 | 15.46 | 8.49 | 5.20 | 3.75 | 1.33 | 0.54 | 100 |
| 2006 | 29.76 | 18.58 | 15.99 | 16.72 | 8.08 | 5.51 | 3.40 | 1.36 | 0.59 | 100 |
| 2007 | 29.91 | 18.61 | 15.75 | 17.18 | 7.67 | 5.91 | 3.09 | 1.30 | 0.57 | 100 |
| 2008 | 28.89 | 18.89 | 16.30 | 16.45 | 8.40 | 6.28 | 3.10 | 1.16 | 0.54 | 100 |

续表

| 年龄（岁）<br>年份 | 30及以下 | 31—35 | 36—40 | 41—45 | 46—50 | 51—55 | 56—60 | 61—65 | 66及以上 | 总计 |
|---|---|---|---|---|---|---|---|---|---|---|
| 2009 | 27.29 | 19.72 | 16.46 | 15.35 | 10.12 | 6.36 | 3.12 | 1.06 | 0.51 | 100 |
| 2010 | 25.05 | 21.17 | 16.57 | 14.37 | 11.73 | 6.18 | 3.30 | 1.09 | 0.55 | 100 |

据分析，自然科学家创造期的最佳年龄段在25—45岁之间，最佳峰值在36—37岁，首次贡献的最佳成名年龄在33岁左右，老化的临界年龄平均为50岁。美国一流大学中主要从事科研活动的教师，年龄集中在26—45岁之间，40岁以后就开始主要从事教学了。

（4）流失率

应该说，高校教师在教育系统内部的流动还是比较大的。据统计，1998—2000年，安徽省高校流失正副教授100多人，而同期引进的仅有47人。某医学院近3年学科带头人、中青年优秀骨干教师流失率高达33.3%①。这样的流动方向大多发生在落后地区向较发达地区、一般高校向重点高校的流动。

《教育投资决策研究》一书中采用系统动力学的方法，利用计算机仿真模拟系统对教师供求系统运行机制进行仿真，跟踪了系统动态变化的行为。在其仿真系统中，涉及了200多个变量。

虽然高校教师的补充可以通过引进外援来解决，但是毕竟还是更多地要依靠本土博士生的培养。因此，从一定程度上而言，对高校教师的未来需求就决定了我国未来研究生教育，尤其是博士研究生教育的发展规模。

（二）影响高校教师供给的因素

在分析教师供给的影响因素时，有必要比较教师与其他职业相比的净收入，不仅包括收入，还包括其他一些因素，如稳定性、未来前景比较好等，此外还有一些非货币性因素，如晋升前景、工作环境、社会声誉等。

1. 预期收入

从经济学角度看，影响教师供给的决定性因素是，与其他行业相

① 杨慧瑾、张华莹：《皖高校教师外流严重》，《人民日报》2001年8月30日第二版。

比教师的工资水平的高低，即大学教师的预期收入。预期收入指人们在从事某个职业时所能期望得到的货币工资收入，以及货币工资收入之外由此职业带来的各种能力的提高而增加的收益。

按照人力资本理论，选择职业是人们的一种投资行为。人力资本投资的收益 I = 收入（R） - 成本（C）。当 C 一定时，R 越大，I 就越大。曼斯基（Manski）对 20 世纪 50 年代美国大学生的资料进行研究时发现：教师工资越高，愿意当教师的人越多。从经济学的角度看，工资收入是教师劳动力的市场价格，是衔接教师供求的平衡器。在开放的劳动力市场中，教师劳动力的流向必然要受到市场价格信号的引导与调节，使其由人力资本边际收益率低的部门向收益率高的部门流动，达到个人利益或效用最大。也就是说，对于同一层次的劳动者，如果不同行业的收入相差悬殊，低收入行业的劳动者必然向高收入行业流动。高收入行业由于劳动者供给增多，引起工资下降；低收入行业则供给减少，工资上升；最终所有行业趋于社会平均工资水平，在数量上劳动力供求相对均衡。

巴洛和斯特（Barro and Suter，1988）的研究结果说明，在不同的国家里，教师与其他行业人员的工资比率差别很大，这说明教师作为一种职业选择，其吸引力在各国之间也各有差别。美国芝加哥大学国际高等教育研究中心教授飞利浦·阿特巴赫（2012）对比了 28 个国家大学教师的工资以及福利等，主要统计大学老师新聘时的初级工资、最高工资以及平均工资。根据调查，加拿大排名全球第一，该国老师新聘时的初级工资、平均工资以及最高工资均列全球首位，分别达到 5733、7196 和 9485 美元。另外，意大利、南非、印度和美国教师工资也“不菲”，这四个国家紧随加拿大之后，跻身榜单前五位。其教师的平均工资均超过 6000 美元。而中国位居榜单倒数第三名，平均工资仅为 720 美元。[①] 因此，有必要大力增加大学教师的工资水平，以提高大学教师这一职业的吸引力。

---

① 《调查称中国教师月薪全球最低，仅为加拿大 1/22》，《纽约时报》2012 年 4 月 4 日，转引自 http://news.qq.com/a/20120404/000553.htm。

2. 机会成本

教师职业的机会成本是指人们在从事教师职业时所放弃的从事其他职业所能带来的最高收入。对于劳动者个人而言，时间是一种稀缺资源，当他们将时间用于执教，就不能将其用于其他生产活动，也就是说劳动者执教所获收入是以不能得到其他工作的收入为代价的。莫内恩（Murnane）认为：要评价教师行业的工资水平和工作条件是否能够吸引足够多的满足质量要求的教师，一个需要注意的关键问题是教师行业能否成为潜在教师的最佳选择。对于每一个有不同技能的人，教师行业与其他行业可选择的就业机会是不同的，因此教师职业对不同学科、不同专业、不同年龄阶段的劳动者的吸引力是不一样的。一直以来，在某些国家，教师行业吸引了比较多的女性和少数民族的人，原因是，在其他能获得较高薪水的行业里，他们找不到工作。因此，其他行业里的就业机会的大小可能会对教师供给产生重大影响。

首先，对于不同学科、专业的劳动者，在不同的行业中所能获得的收入可能有相当大的差距，因此他们从事教师职业的机会成本也各不相同。

其次，人们是否选择教师职业，还取决于在其他行业中获得职业的风险程度。人们天生厌恶风险，低工资之所以低的原因在于对风险的购买。因此人们可能经常会面临两种工作的选择：（1）寻找较高工资行业的工作，但成功的风险大；（2）进入低工资行业，但没有失业的风险。高工资行业的工作竞争变得越激烈，人们获准进入的可能性越小，及时就业的风险越大，人们可能会退而求其次，选择低工资职业。这两种决策的均衡条件是：$W_1 \times P = W_2$（$W_1$ 为高工资行业的工资、P 为在高工资行业中就业的概率、$W_2$ 为低工资行业的工资）。在当前中国就业状况并不乐观、党政机关机构精简、国企员工下岗分流的情况下，也就是 P 值较小的条件下，许多人选择进入和回流到教师行业，这也说明了人们对失业风险的规避心态。

最后，劳动力的流动是要付出成本的。这种流动成本包括：花费一定的时间搜寻可能的工资和工作条件的信息、放弃可能的员工福利、脱离熟悉同事和环境的心理成本等。教师在转变职业、欲增加未来收益的过程中，就必然在短期内承受向新工作转移的货币成本和心理成本。转换工作的最终收益即工作流动净收益 $I = U_1 - U_0 - C$（$U_1$ 为新工作预期总效益，$U_0$ 为同期原工作总效益，C 为流动总成本）。当 $U_1$ 和 $U_0$ 一定时，C 越小，I 越大。教师是否流动最终取决于 I 值，如果 $I > 0$，收益为正，流动是划算的；如果 $I < 0$，收益为负，流动就不划算。

3. 生活和工作条件

这一点是基于教师的非货币待遇及发展环境而言的，具体包括福利待遇、科研条件、职业发展前景、交通、通信、精神文化生活等方面。安克哈拉多夫（Ankhara-Dove，1982）和克力特加德等（Klitgaard et al.，1985）指出，在发展中国家，即使城市教师过剩，农村地区艰苦的生活和工作条件也很难吸引教师到这些地区去工作。但对发达国家而言，教师们所关心的是一些难以测量的变量，如资料的获得和行政支持程度等，目前几乎还没有翔实的数据说明工业化国家里工作条件对教师供给的影响程度（约翰逊，Johnson，1990）。因此，在工资水平和就业机会相同的条件下，人们对于好的生活和工作环境有着天生的偏好，为了刺激人们从事条件较差的工作，必须支付较高的工资作为他们接受较差条件的补偿和奖励。

美国学者默里托马斯在《教师供给系统——学校系统如何提供良好的教师》一文中把教师供给系统分为七个部分：（1）吸引报考者；（2）招收新生参加职前教育；（3）提供职前教育；（4）安置毕业生；（5）提供适当的工作条件；（6）提供在职培训；（7）教师离职这七部分相互联系、相互作用，构成一个连续的统一体，成为一个开放的动态的教师供给系统。其中提供适当的工作条件即报酬是系统贯穿始终的动力，它不仅关系到能否吸引到众多的报考者，关系到能否吸引到优秀毕业生进入教育领域，而且直接影响到能否调动教师的积极主动性。吸收系统提供的职前教育和在职培训，影响到在职教师是否愿意长留教育领域。

正如琼斯（E. Jones，2002）所研究的那样，多年来，劳动力中博士的供求不平衡导致博士的就业形势时好时坏。造成这种不平衡的原因很多，原因之一是培养一个博士需要较长的时间，因此很难迅速对市场需求作出反应。此外，对劳动力市场需求预测不准确也是一个原因，如20世纪80年代许多学生攻读博士在一定程度上是因为预测高等院校中将有大批教师退休，然而这种状况却并未发生。20世纪90年代初，大学教员的实际收入下降也表明有太多的博士在竞争很少的职位。这种供应过剩的现象也是博士生在评估就业市场状况时十分关心的问题。博士供大于求现象的出现还由于大学要持续不断地培养博士生——尽管劳动力市场已经无法在其毕业后马上接纳他们。大学之所以这样做，是因为研究生往往会给他们所在的系带来好处。其中包括在科研或其他工作中充当助手。在很多研究型的大学里，研究生还从事大量的本科生教学工作。不过，这还不是全部的原因。有些博士生在就业方面的苦恼还来自其所学知识的高度专业化——这使得他们很难找到完全对口的工作。自然科学和工程学的博士毕业生中有51%准备就业。其中将近一半打算进入企业，1/3准备在教育部门就业。人文和社会科学的博士毕业后则更多地在高等院校就业：68%的博士毕业生希望在教育机构内工作。事实上，2/3的人文和社会科学博士都有这样的打算，只有心理学（39%）和经济学（50%）例外①。

因此，笔者认为，高校教师的供给在总量上应该不存在什么问题。但结构性的失衡可能是今后的重大问题。而学科结构上的供给主要依赖于博士生培养的学科分布情况。

## 二　高校教师需求的预测方法

### （一）师资需求数量的预测

在诸多的教育规划中，往往通常根据班师比或生师比（国家有生

---

① E. Jones. "Beyond Supply and Demand: Assessing the Ph. D. Job Market", *Occupational Outlook Quarterly*, Winter 2002, pp. 22 – 33, in http: PP222. bls. govPopubPooqP2002PwinwePart03. pdf.

师比标准）计算教师需求。但这是不科学的。首先，国家所制定的生师比标准缺乏时间的动态性。一般都是几年前所制定的。其次，也不见得必然科学。具体测算过程非常复杂。但是在没有更好的方法之前，这仍然不失为是一种标准。

笔者认为，可以加入目前高等教育的生师比和班师比。现在扩招之后学生数量猛增，班级规模过大，必然影响教学质量。具体的数值可以参考国外的一些生师比和班师比的现状和标准。

不同的教育阶段可以选取不同指标的标准。在中小学教育阶段，据经验，用生师比测算教师需求在大范围的总量预测中较为方便可行，而对于基层中小学师资的教育规划用班师比会更接近于实际需要。而对于高等教育阶段，笔者认为，用生师比可能更合适。至于高等教育生师比的标准，可以根据国际比较法，参考国外一般情况和代表性典型做出符合我国国情的生师比。

（二）教师需补充量的测算

以上教师需求是指与学生规模相匹配需拥有的教师数，是存量意义上的教师需求。而规划要求的是增量意义上的教师需求，即规划期间需补充的教师人数。可由下列公式测算：

需补充教师数 = 需配备教师数 - 基年拥有量 + 自然减员数 + 净流出（调出）数

自然减员包括离退休与在职死亡，主要受现任教师队伍年龄结构的影响。由于一个教师正常工作年限在 35 年左右，一般情况下教师自然减员率在 3% 上下。教师流出（调出）包括向非教育系统和教育系统中的非教师岗位（如教学行政人员、教辅人员），而流入数仅指流向专任教师岗位的增加人数。

## 第二节　高等教育经费供需的预测和规划方法

从系统论角度出发，我们认为高等教育系统只是社会大系统、教育大系统中的一个子系统；除此之外，社会大系统还有经济、文化、军事、医疗卫生等子系统，它们向高等教育系统提供财流和物流，构成了高等教育子系统赖以生存的环境系统。高等教育也只是教育大系统中的一部分，教育大系统还包括基础教育、中等教育子系统。这些系统之间相互影响、相互作用。我们不能一味地强调一个子系统的重要性而忽视其他系统的存在。因此，从这个意义上讲，就有必要对高等教育的经费供需进行准确的预测和规划。

## 一 高等教育经费需求的预测和规划方法

要预测出高等教育系统的经费需求，就要从高等教育系统的微观行为者——人——出发。第二、三章我们已经指出，高等教育系统的微观行为者有两类——学生和教职工。每个学生和教职工的基本需求就是高等教育系统的微观需求，这些微观需求的累加就构成了高等教育系统的宏观需求。当然，我们不可能考察每个行为者的具体需求，但我们却可以研究微观行为者的平均需求，用平均需求来代表每个微观行为者的需求，再乘以微观行为者的个数，就求出了高等教育系统的宏观需求。①

### （一）传统的教育经费预测方法

目标年各项期望值的科学性依赖于人们对事物客观规律的认识程度，而对客观规律的认识方法无外乎两种：纵向比较和横向比较。纵向比较是从事物的历史数据中找寻规律，常用的方法有回归分析和时间序列分析等。我国目前很多文章都做过这样的分析，如教育投资与国民收入的经济计量模型、高教经费与人均国民收入模型、高校在校生数与高教经费数量关系等。回归方法一般可以得出回归公式，对因变量和自变量之间进行公式化的描述，进行弹性、增长率和乘数效应的分析，并对将来进行预测；不足之处在于要根据历史数据的散点分布图估计函数形式，这在很大程度上依赖于经验判断，而函数形式的不同会引起回归结果的较大差异。横向比较大多是国际比较，也有许多文献做过这样的分析，如高等教育经费的国际比较、高等教育规模

① 贾积有：《中国高教经费供求分析及辅助决策系统》，硕士学位论文，北京大学，1994 年，第 18—22 页。

的国际比较、教育投资比例的国际比较等，这样可以吸收和借鉴世界各国发展和管理教育的成功经验。采用的方法也大多是对不同国家的横向数据进行回归分析，同样存在上述的问题；而且还必须注意条件的可比性。

在经费需求预测中，大多数文献所使用到的方法比较类似。如贾积有（1994）指出高等教育系统经费的预测过程为：

（1）根据已有的数据算出基年的微观行为者的数量和每类微观行为者的平均需求，也即每项的基年数值；

（2）给出目标年的微观行为者的数量和每类微观行为者的平均需求的期望值，然后求出每项的目标年数值。期望的选择可分为 A、B、C 三类[①]：若选择 A 类期望，则不必计算就可得到目标年的数值（即期望值）；

若选择 B 类期望，则可以分别按照下列公式计算目标年数值：

高校在校生数 = 适龄人口数 × 毛入学率

专任教师数 = 在校生数 ÷ 生师比

管理人员数 = 在校生数 ÷ 学生数与管理人员数比

其他人员数 = 在校生数 ÷ 学生数与其他人员数比

退休人员数 = 在校生数 ÷ 学生数与退休人员数比

若选择 C 类期望，则可以按照下列公式计算：

目标年数值 = 基年数值 × ［（1 + 年平均增长率）^（目标年度 - 基年年度）］

（3）用分解求和法算出目标年的经费宏观需求。

① 贾积有：《中国高教经费供求分析及辅助决策系统》，硕士学位论文，北京大学，1994，第 19 页。A 类期望是指对目标年某一绝对值的期望，如到 2010 年高教经费投入要达到 10 万亿元；B 类期望是指对目标年某一相对比例的期望，如到 2010 年高等教育毛入学率要达到 25%；C 类期望是指对从基年到目标年过程中某一变化模式的期望，如生均教育经费以每年 4% 的速度增长等。

有学者用神经网络方法来预测教育经费问题。[①] 人工神经网络系统的功能类似黑箱，只要有足够多的数据 x 和相应的 y，就能通过训练 ANN 系统，使其可以相当精确地模拟 X 和 Y 之间的映射（函数）关系：设真实值为 X（自变量）和 Y（因变量），训练好的神经网络，使当输入 X 时，输出值 Y'（理论值）与实际值 Y 的均方根误差达到局部极小值，例如可以使相对误差达到 1% 的精度。这就避免了回归方程中要估计函数形式的难题。

（二）基于教育经费需求结构的预测方法

高校经费的预测比义务教育和高中教育复杂的地方在于专业性差异。也就是说，每一个专业所需的培养成本都是不一样的，这无疑加大了高等教育经费需求预测的难度。目前许多所作的教育规划中有关经费的预测，大多倾向于选择用生均教育经费。这种分析暗含了一个基本假定，即历史的经费支出是合理的。但我们知道，经费的实际支出数并不代表培养一个学生的真实成本。因此，其实科学的指标应该是根据生均教育成本来核算的。如果我们能核算出培养某一专业的大学生真正需要多少教育成本，并以此为依据来划拨教育经费的话，将会使有限的教育资源得到更科学、合理的利用。但是由于教育成本的精确衡量在学术界本身就是一个未能完美解决的问题。因此也许只能用生均教育经费（实际支出）来代替生均教育成本。

即用下式计算高等教育经费需求：

高等教育经费需求数 = 学生总数 × 生均教育经费

在教育规划中，往往为了计算方便，在计算总的教育经费需求时，通常最关键的在于确定规划期内生均教育经费的变化趋势。而生均经费的变动最终受制于教育成本变动因素的影响。进一步分析表明，随着时间的推移，构成教育经费支出的各个部分表现出不同的变

① 贾积有：《中国高教经费供求分析及辅助决策系统》，硕士学位论文，北京大学，1994，第 20—22 页。A 类期望是指对目标年某一绝对值的期望，如到 2010 年高教经费投入要达到 10 万亿元；B 类期望是指对目标年某一相对比例的期望，如到 2010 年高等教育毛入学率要达到 25%；C 类期望是指对从基年到目标年过程中某一变化模式的期望，如生均教育经费以每年 4% 的速度增长等。

化趋势。这是因为，促使教育成本上升和下降的因素在不同时期的强弱和作用方式不一。虽然高等教育经费支出从类别上可以分为人员费、公用经费和基本建设经费，但归根结底，促使教育成本上升的因素包括两方面。

一为人员成本的上升。随着经济发展，居民收入水平不断上升，就教育来说，表现为教职员工的工资、福利水平不断上升，以及学生助学金、奖学金的标准不断提高。

二为物质成本的上升。随着经济和科学技术的发展，用于教育的各种规定资产，如校舍、教学仪器设备、公用设备，乃至图书资料、文具纸张，以及用于教育的水、电、气、低值易耗品消耗的数量在增加，质量在不断提高。为保证教育质量的提高，规定资产需不断更新，从而导致教育物质资本的提高。

此外，教育机构规模的扩大、教育管理手段方法的改进、教育管理水平的提高等。虽然这些因素最终导致教育资源使用效率提高，生均教育成本下降，但在短期内，仍然需要加大投入。单位教育成本随教育资源使用效率提高而降低，单位教育产出则随着教育资源利用效率提高而增加。

当引起生均教育经费上升因素的增长率大于教育资源使用效率提高的速度时，教育经费就上升；当引起生均教育经费上升因素的增长率小于教育资源使用效率提高的速度时，教育经费也就下降。教育资源使用效率的提高有一定的限度，当教育机构规模增大和教育管理改进到一定程度时，又会导致经费的上升。正如教育经济学理论所认为的那样，“教育从本质上来说是一种成本递增的产业”。因此，总的来说，教育经费呈上升的趋势。这种趋势从其他国家和我国三级教育的生均经费变动的历史统计中也可以得到验证。这种生均经费变动的分析排除了物价的变动；如果再加上物价的变动因素，生均教育经费上升的趋势则更为显著。

因此在测算教育经费需求时，一个关键性技术问题是如何确定生均教育经费这一参数。确定生均教育经费水平，可以从不同方面、角度出发，运用各种方法进行预测。常用的方法按其数值表现形态可以分为绝对数法和相对数法。①

1. 绝对数法

绝对数法指对生均教育经费的绝对数值（金额）的变化趋势进行预测。具体方法有很多，常用的有：简单外推法、相关分析（回归技术）法以及结构（分项）预测法。

简单外推法：就是参照生均经费增长的历史数据，在生均经费现状数的基础上，设定规划期间生均经费的增长率，从而推算出目标年份的生均经费数值。

相关分析法：就是以生均教育经费（或其增长率）为因变量，找出一些解释变量，如经济增长速度、财政收支、消费与积累比例，运用回归技术对历史数据进行相关分析直至得出满意的回归方程，然后根据这个方程进行预测。使用这一方法需对一些外生变量进行设定。

结构预测法：就是根据教育经费支出的分类结构，逐项进行分析预测。教育经费由人员经费、公用经费和基建费三大项组成，可分项进行预测，也可对每项再细分成小项进行预测。各项预测可以使用统一的方法，也可以分别使用不同的方法，如上述简单外推法和回归技术法或其他方法。例如：基本建设经费中的单位建设成本预测可采用简单外推法和回归技术法预测。

绝对数法的优点是直观、直接，易于理解和执行，但对物价指数的估计有相当的难度。绝对数法对生均教育经费的预期一般都包含了两个最基本的考虑：补偿价格上涨带来的教育经费实际购买力下降；教育成本随着经济物质发展水平提高而上升。因此，生均教育经费增长率可分解为物价指数加上一定的增长率（与国民经济实际增长率相关或同步）。但这一做法存在如下技术上的困难：①未来物价走势难以估计。②从我国迄今公布的各种物价指数中难以推算出“国民（内）生产总值缩减指数”，换句话说，按现价计算的名义 GDP 与按不变价计算的实际 GDP 增长率之差，与目前公布的种种价格指数出入很大。③即使按不变价计算，经济增长预测本身带有不确定性。由

① 张春曙：《教育规划理论与方法》，高等教育出版社 2000 年版，第 118—120 页。

于以上因素的存在，使得以绝对数值计算的生均经费参数的可靠性打了一个折扣。总之，绝对数法预测是否准确有效，很大程度上取决于对未来物价走势估计和经济增长预测的准确性。

2. 相对数法

相对数法以当年人均 GDP 为基本单元，以生均经费占人均 GDP 之比为控制参数，即：

生均经费比率 = 生均经费 ÷ 人均 GDP

或者：

生均经费 = 生均经费比率 × 人均 GDP

进一步可表示为：

教育经费 = 学生总数 × 生均经费 = （学生总数 × 生均经费比率） × 人均 GDP

也就是说，总的教育经费需求也可用人均 GDP 作为计量单位。与绝对数法比较，这一做法的好处包括以下几点。首先，避免物价走势估计困难带来的干扰（假定教育费用价格指数与总物价指数基本同步）。其次，相对比率与 GDP 增长速度（不管是名义的或实际的增长率）无关。再次，正常情况下，生均经费增长应基本与人均 GDP 增长同步。教育经费中占大头的人员费是支付教职工薪资，它的增加有两个主要动因：补偿通货膨胀造成的实际收入减少以及人民生活水平随经济增长而相应提高，可见人员费增长应与 GDP（名义及实际上）增长基本同步。公用经费和基建费的情况也相类似（一方面补偿通货膨胀损失，另一方面办学条件随经济发展而改善）。因此，生均经费占人均 GDP 的比率这一参数比较稳定，并易于在实证分析的基础上设定和控制。最后，相对参数和绝对参数相比，具有比较强的国际可比性。

在确定了高等教育经费总需求的基础上，根据教育经费的来源构成，测算国民收入分配的不同主体对教育经费的分担及其承受能力。即预测政府、社会和个人在高等教育经费中所分担的比例变化。这一比例一旦确定，就可以预测出政府所应支付的高等教育经费的需求数。

## 二 高等教育经费供给的预测和规划方法

影响未来高等教育经费供给的主要因素包括以下几部分。

（一）未来的国民经济发展水平

未来的国民经济发展水平是制约和影响教育经费供给的最根本因素，二者具有很强的相关性。国民经济发展水平越高，教育经费的供给能力就越强，供给量就越大，相应地高等教育的经费供给量也越大。国民（内）生产总值（或国民收入）及其增长速度是反映一国一定时期国民经济发展水平的基本指标，一般来说教育经费供给量将随着国民生产总值的增长而增长，只有当一国的国民经济发展到一定的水平和高度，高等教育经费供给具有充分、稳定的保证后，才有可能真正实现高等教育的质和量，才有可能保证人民群众的利益和高等教育的公平性。

（二）未来政府对高等教育的重视和努力程度

这是一项影响未来高等教育经费供给的重要因素。但就教育总体而言，当国民收入水平一定时，政府部门及其领导对教育的重视和努力程度可以直接反映在公共教育经费上。尽管世界上有些国家的国民收入相差无几，可教育投入却相差很大，这就显示出了政府对教育的重视和努力程度的差异。而就一国教育内部发展而言，政府重视和努力程度主要反映在三级教育投资结构和比例上。总的来说，哪一级教育得到重视，哪一级教育就成为投资重点，相对而言，这一级教育的经费供给水平就比较高。我国政府一向重视高等教育的发展，对高等教育的投资比例相对来说比较高。随着对基础教育的重要性认识不断强化，未来政府对高等教育的重视和努力程度将会有什么样的变化和发展，不得而知。

（三）未来的高等教育的经费筹措机制

在国民收入水平一定的情况下，经费筹措机制的格局及其运用的好坏，都将直接影响到高等教育经费供给量的大小。目前我国高等教育经费的来源已呈多元化的格局，供给方式多种多样。未来高等教育的经费分担格局会发生怎样的变化、各分担主体的分担比例会有何调整，这些都将直接影响到高等教育经费的总供给。

具体的高等教育经费预测依赖于国民收入或国内（民）生产总值的预测，而国民收入或国内（民）生产总值的预测主要依据宏观研究判断，根据国家及地区的教育现状和经济发展情况提出教育投资占国民收入或国内（民）生产总值的比例，从而得出不同时期教育投资的总额以及其中用于高等教育投资的数额。具体的高等教育经费供给预测，同经费需求预测一样，同样地可以根据绝对数法和相对数法，用简单外推法或结构分析法等方法进行预测，在此不再赘述。

## 本章小结

本章简单分析了影响高等教育教师供需的校内外因素，指出高校教师的供给在总量上应该不存在什么问题。但结构性的失衡可能是今后的重大问题。在学科结构上的供给主要依赖于博士生培养的学科分布情况。同时阐述了高等教育规模所需的高等教育师资和经费的需求及其可能供给的预测方法，包括绝对数法和相对数法。

# 结论与展望

## 一　主要结论

在教育经济与管理学界，对于教育规划的研究既可以说是满地开花、不胜枚举；又可以说是寥若晨星、屈指可数。说满地开花的原因：其一，其实教育经济与管理学中诸多领域的研究均可以与教育规划扯上关系，如教育政策问题、教育经费和投资问题、高等教育的发展规模和速度问题、大学生就业问题等；其二，目前国内外关于教育规划的政府文件之多。说寥若晨星的原因，其实是真正从教育规划的学术和理论角度出发来研究的文献少之又少，尤其是在我国教育经济学领域。而在整个教育系统中，高等教育系统的地位及其与社会其他系统的关系不言而喻，而其不确定性及复杂性又进一步导致了高等教育规划研究的匮乏。正是出于这些现象，笔者将研究对象定位于高等教育规划。通过对国内外相关文献的回顾和整理，本书得出以下主要结论：

1. 高等教育规划应该是理性、动态和面向未来、既包括数量又包括质量的。因此，本书提出可以成立一个专门的高等教育规划部门，独立于其他政府部门的运作，以保证政治、政策因素不要对高等教育发展规模和速度造成过度的直接的影响；高等教育规划的制定需要很强的专业知识和技术，因此，笔者认为应培养一批高等教育规划专家。

2. 高等教育规划的方法论选择主要应结合人力需求法和社会需求法进行高等教育发展规模的规划，并在此基础上，根据成本收益分析方法确定高等教育子系统与教育其他子系统的经费分配及高等教育的经费分担模式。

3. 作为高等教育规划中最关键、最基础的规模规划，应主要运用系统分析的观点进行供需因素分析，即在社会和教育大系统中，全面分析影响高等教育规模供需的因素，在此基础上适当考虑政治或政策因素，从而确定未来的高等教育发展规模和速度。

4. 根据本书提出的高等教育规划系统分析方法，本书提出高等教育规模的定量确定应主要取决于五个方面，包括未来的人口因素、未来的经济发展水平对高等教育毕业生的容纳量、未来人民的生活水平和质量以及现有高等教育的容纳能力。通过协整检验和回归分析，本书得出结论：我国未来高等教育总规模仍将持续较快发展，到2020年极有可能突破原定40%的高等教育毛入学率目标，2030年则有可能超过66%。因此，我国未来高等教育规模发展仍需要政府的适当干预和调控，以使高等教育适度地超前发展。

5. 通过对高等教育教师的供需因素分析，本书认为教师供给在总量上应该不存在问题，但结构性的失衡可能是会出现的重大问题。高校教师在学科结构上的供给主要依赖于博士生培养的学科分布情况。

## 二 本书的不足与研究展望

### （一）创新之处

本书的创新之处包括以下几点：

1. 本书提出了适合高等教育规模的规划方法，即人力需求法和社会需求法的结合。

2. 本书从系统分析的观点出发，认为高等教育规模的规划应该从经济学角度深入分析影响高等教育规模的供给和需求两方面，并提出应在此基础上适当考虑政治或政策因素。

3. 针对选取的时间序列数据，本书应用了计量经济学领域中的协整检验理论，对最终选定的定量影响高等教育规模的四个解释变量进行了协整分析，得出了两个长期的协整回归方程，并以此为基础进行了2020年和2030年高等教育规模的预测，结果认为，到2020年极有可能突破原定的40%的毛入学率目标，2030年甚至有可能超过66%。

（二）不足之处

然而，由于时间、精力和能力实在有限，文中仍存在许多不足之处，主要包括以下几点。

1. 本书所探讨的教育规划的理论基础部分仍然不够扎实深入，所提出的系统规划思想也有待进一步完善。

2. 文中所建立的高等教育规模的协整回归模型，虽有三产比重这一指标，但仍未能如期地反映社会经济发展对高等教育人才的需求这一因素，即未能全面深入地反映出人力需求法在高等教育规划中的应用。

3. 本书对高等教育发展规模的预测还不够精确，未能建立统一的协整回归方程，而且对于高等教育规模的横向研究以及高等教育师资和经费的供需也未能做出具体的量化分析。

此外，由于知识水平和学术能力有限，对相关问题的研究仍有待进一步改进和深化。这些都望留待以后做进一步的研究。

（三）未来的研究展望

事实证明，规划一个国家的教育发展，使其与经济和社会发展相配合，比它刚出现时要复杂得多。在规划高等教育发展时，使教育产品与未来国家对人力的需求相吻合的问题成为一个重要的和非常复杂的问题。许多不同种类的劳动力——从职员和技术员到农业、工业、卫生和管理方面的高级专家需要许多不同类型的教育措施，更不用说为了配备发展教育系统本身所需要的各种各样的教师。

可以说，必须提前至少五年预见经济的需要，因为培养这样的专家需要很多年，为了这个目的而“装备”完善教育系统则需要更长的时间。但要做得合理、准确、具体，包括所需的劳动力的质和量，实际证明是不可能的。这种困难部分地是由于缺乏可靠的基本数据使工作进行下去，而更多地是由于发生在经济中的不可预见的变化及不同政府各部门和专家对什么应优先考虑存在着极大的分歧意见，最重要的是由于缺乏任何现实的、综合的和充分一体化的全面国家发展规划。

但是不管怎么说，科学、理性的教育规划不可或缺，因此高等教育规划研究的意义仍然非常重大，而高等教育规划的理论和方法必然不断成熟和完善。本书所做的试探性研究只为抛砖引玉，最终也只不过是沧海一粟，本书的科学性、合理性等都将有待现实和理论的检验。针对本书的不足之处，笔者希冀能在以下方面进行进一步的研究和探索。

1. 进一步探索人力需求法在高等教育规划中的具体应用，进一步完善和修改我国高等教育规模的协整回归模型。

2. 搜集更多更全的不同发展水平国家的数据，根据相关指标做出不同的发展水平国家组的一般发展模式和模型，以为我国高等教育的发展规模提供借鉴。

3. 进一步在高等教育规模发展所需的师资和经费需求及其可能供给上做出量化分析。

# 参考文献

## 一　中文部分

1. 安文铸:《教育预测中的特尔菲法》,《中小学管理》1990 年第 6 期。

2. ［法］奥利维·贝尔特朗:《人力资源规划:方法、经验与实践》,王晓辉译,人民教育出版社 2002 年版。

3. ［苏］B. C. 盖尔松斯基:《职业技术教育中教育问题的预测方法》,刘祖慰译,《外国中小学教育》1984 年第 4 期。

4. 鲍风雨、赵东明:《区域高职教育需求的系统预测》,《吉首大学学报》(自然科学版) 2005 年第 4 期。

5. 贲兴振、杨宝臣:《中国能源消费和经济增长的协整关系分析》,《哈尔滨理工大学学报》2005 年第 4 期。

6. ［苏］Boris K. Kluchnikov:《关于教育规划的理论与实际》,张人杰摘译,《外国教育资料》1980 年第 3 期。

7. ［苏］C. 阿尔费罗夫:《"教育与未来"国际讨论会简介》,彭飞摘译,《国际观察》1992 年第 4 期。

8. 陈国良、张振助等:《未来 50 年中国教育与人力资源开发的战略构想》,《教育发展研究》2003 年第 Z1 期。

9. 陈建华:《论有限理性视野中的教育规划》,《教育学报》2011 年第 3 期。

10. 陈珊珊:《美国加州高等教育总体规划研究》,硕士学位论文,华中师范大学,2007。

11. 陈同英:《关于林业专门人才预测模型的探讨》,《林业经济问题》1993 年第 3 期。

12. 陈晓红等：《高等教育多目标规划模型研究》，《中南工业大学学报》1996 年第 10 期。
13. 陈晓红、杨娅、邓超、孟自强：《湖南省高等教育“九五”计划及 2010 年发展规划模型研究》，《系统工程》1996 年第 4 期。
14. 陈学军：《教育策划研究的兴起与展望》，《教育理论与实践》2005 年第 3 期。
15. 迟景明、何晓芳等：《高等教育层次结构与经济发展关系的实证研究》，《教育与经济》2010 年第 1 期。
16. 段成荣、杨书章、高书国：《21 世纪上半叶我国各级学校适龄人口数量变动趋势分析》，《人口与经济》2000 年第 4 期。
17. 邓晓春：《关于高等教育规划数学模型的构思》，《辽宁高等教育研究》1987 年第 Z1 期。
18. 邓于君：《第三产业内部结构演变趋势研究》，博士学位论文，中山大学，2004 年。
19. 丁小浩：《高等教育的个人需求和政府的宏观调控》，《高等教育研究》1998 年第 4 期。
20. 范卫萍：《区域教育发展规划研究》，硕士学位论文，东北师范大学，2005 年。
21. 方彤：《外国教育规划泛谈》，《河北师范大学学报》（教育科学版）2000 年第 10 期。
22. 傅鸿源：《教育规划模型体系及其应用》，《重庆建筑工程学院学报》1991 年第 1 期。
23. ［荷］弗兰斯 · F. 范富格特主编：《国际高等教育政策比较研究》，王承绪等译，浙江教育出版社 2001 年版。
24. ［法］哈拉克：《国际教育管理与规划的发展趋势》，刘芳整理，《教育与职业》1993 年第 3 期。
25. 韩翠萍、张正义：《山西普通高等教育规模发展回归分析与未来发展预测》，《山西农业大学学报》（社会科学版）2006 年第 2 期。

26. 韩敏：《评西方教育计划的三种模式》，《上海教育科研》2000 年第 8 期。

27. 韩文秀：《多目标决策在教育规划中的应用》，《天津大学学报》1982 年第 8 期。

28. 韩文秀、尚杰：《全国教育规划最优化模型的初步探讨》，《系统工程理论与实践》1983 年第 4 期。

29. 韩亚：《浅谈人才预测工作》，《预测》1984 年第 1 期。

30. 高桂彪、梁英：《系统分析与教育规划的思考——兼谈人才预测的程序与方法》，《中国高教研究》1987 年第 3 期。

31. 高书国：《21 世纪初中国高等教育大众化水平预测与分析》，《教育发展研究》2002 年第 4 期。

32. 高书国：《当代世界教育规划发展趋势背景下的第三条道路（上）》，《当代教育科学》2008 年第 19 期。

33. 高书国：《教育战略规划：复杂—简单理论》，教育科学出版社 2009 年版。

34. 高书国：《全球教育规划发展历程分析与评价》，《辽宁教育研究》2007 年第 9 期。

35. 高耀：《中国高等教育未来发展规模预测——基于人口结构与 GDP 的视角》，《管理学刊》2010 年第 3 期。

36. 高云庆：《区域基础教育规划的系统分析方法》，《甘肃高师学报》2000 年第 6 期。

37. 何长虹、申世飞、黄全义：《普通高等学校招生规模的预测方法》，《清华大学学报》（自然科学版）2012 年第 1 期。

38. 何红玲：《发展河南成人高等教育的灰色预测》，《河南大学学报》（自然科学版）1999 年第 4 期。

39. 耿涓涓：《对高等教育发展规划的反思》，《江苏高教》2004 年第 3 期。

40. 顾军：《试论普通高等教育规划制定的依据》，《辽宁高等教育研究》1991 年第 5 期。

41. 郭桂英：《高校制定教育规划值得重视的几个问题》，《机械工业高教研究》2001 年第 4 期。
42. 郭化林、阮晓明、于淑娟、王立岩：《河北省高等教育规模与层次结构的预测分析》，《河北科技师范学院学报》（社会科学版）2004 年第 3 期。
43. 国家教育委员会教育规划办公室编译：《职业岗位分类词典》，高等教育出版社 1988 年版。
44. 郭亚军、潘德惠：《人才需求的预测方法与最优决策》，《系统工程学报》1995 年第 1 期。
45. 郭勇：《我国教育规划研究综述》，《广东广播电视大学学报》2011 年第 3 期。
46. 洪熙：《教育规划之概念与技术》，《外国教育资料》1980 年第 3 期。
47. 胡鞍钢：《中国下一步》，四川人民出版社 1995 年版。
48. 胡咏梅、薛海平：《经济发展水平与高等教育规模的相关性研究》，《江苏高教》2004 年第 2 期。
49. 黄甫全：《教育灰色系统刍论》，《首都师范大学学报》（社会科学版）1995 年第 5 期。
50. 黄子杰、程广文：《区域性高等教育规划意义及路径》，《福建论坛·人文社会科学版》2010 年第 9 期。
51. ［美］霍利斯·钱纳里、［以］莫伊思·塞尔昆：《发展的型式：1950—1970》，李新华译，经济科学出版社 1988 年版。
52. ［美］J. M. 伍德里奇：《计量经济学导论：现代观点》，费剑平译校，中国人民大学出版社 2003 年版。
53. 贾积有：《中国高教经费供求分析及辅助决策系统》，硕士学位论文，北京大学，1994 年。
54. 姜军凤：《高等教育扩展与经济增长的非正相关关系》，《中州学刊》2002 年第 5 期。
55. 姜涛：《关于当前规划理论中“范式转变”的争论与共识》，《国际城市规划》2008 年第 2 期。
56. ［日］金子元久：《高等教育发展的中国模式：来自日本的

观察》，《教育发展研究》2006 年第 9 期。

57. ［苏］K. 亨切利夫：《人力需求预测》，陈佑清译，《教育与经济》1992 年第 2 期。

58. 李福春：《试析我国教育规划中的问题与对策》，《教育与教学研究》2009 年第 4 期。

59. 李慧琴：《高校学生付费能力及意愿的实证研究——云南省高校案例》，《北京大学教育评论》2005 年第 2 期。

60. 李文利、闵维方：《我国高等教育发展规模的现状和潜力分析》，《高等教育研究》2001 年第 2 期。

61. 李耀国：《试论教育规划与人才预测》，《教育理论与实践》1985 年第 6 期。

62. 厉以宁、陈良焜：《教育经济学研究》，上海人民出版社 1988 年版。

63. 栗玉香：《高等教育供需态势的再分析》，《复旦教育论坛》2005 年第 1 期。

64. 李子奈、叶阿忠：《高等计量经济学》，清华大学出版社 2000 年版。

65. 联合国教科文组织：《学会生存——教育世界的今天和明天》，教育科学出版社 1996 年版。

66. 梁亦菡、韩映雄：《招生规模核定方法评析》，《大学·研究与评价》2007 年第 5 期。

67. 柳博：《高等教育规模和经济发展水平的关系研究》，《中国考试》（研究版）2004 年第 4 期。

68. 刘凤军、刘纯田：《教育经费预测的理论与实践》，《东北农业大学学报》1994 年第 9 期。

69. 刘海波：《如何科学制定区域教育规划目标》，《人民教育》2010 年第 2 期。

70. 刘鸿基、孟祥恪：《灰色理论在教育规划中的应用》，《黄淮学刊》1995 年第 3 期。

71. 刘少雪：《对我国高等教育发展规模问题的思考》，《琼州大学学报》（社会科学版）1997 年第 1 期。

72. 刘小强：《加州 1960 年高等教育总体规划：一个高等教育规划的成功范例》，《民办教育研究》2006 年第 2 期。

73. 刘妍：《地方教育规划中决策者和研究者互动话语分析》，《教育学术月刊》2010 年第 9 期。

74. 刘延松、张炜：《高等教育规模预测模型讨论及实证研究》，《辽宁教育研究》2007 年第 2 期。

75. 刘永政：《教育规划学》，《中国远程教育》1992 年第 9 期。

76. 刘永政：《教育预测学》，《中国远程教育》1992 年第 4 期。

77. 刘泽云、袁连生：《我国公共教育投资比例研究》，《高等教育研究》2006 年第 2 期。

78. 陆芳、陶芳芳、王萍、尹平：《基于 BP 神经网络的研究生教育发展规模预测》，2005 年卫生统计学术年会论文集，http：//www. hstathome. com/xiazai/lufang. pdf。

79. 陆根书、钟宇平：《高等教育成本回收的理论与实证分析》，北京师范大学出版社 2002 年版。

80. 陆懋祖：《高等时间序列经济计量学》，上海人民出版社 1999 年版。

81. 卢铁城：《抓毕业生就业：大学校长任重道远》，《中国教育报》2002 年 3 月 13 日第 5 版。

82. 骆嘉伟：《教育规划辅助决策专家系统设计浅说》，《财经理论与实践》1998 年第 1 期。

83. 吕育康：《教育规划的力量与局限性》，《河南财政税务高等专科学校学报》1999 年第 3 期。

84. 吕志明：《略论高等教育策划的系统性》，《系统科学学报》2006 年第 2 期。

85. ［美］ M. M. 弗兰克尔、D. E. 格雷尔德：《美国教育统计预测》，任振华、杨立山译，高等教育出版社 1988 年版。

86. 马超群、储慧斌、李科、周四清：《中国能源消费与经济增长的协整与误差校正模型研究》，《系统工程》2004 年第 10 期。

87. ［美］马克·贝磊：《教育规划的发展与变革路径——基于国际教育规划研究所标志性文献与会议的分析》，《教育发展研究》2009 年第 3 期。

88. 马陆亭：《从规模经济到范围经济——对 21 世纪中国高等教育发展模式的思考》，《中国高教研究》1996 年第 6 期。

89. 马陆亭：《“十五”我国高等教育数量发展目标分析》，《北京航空航天大学学报》（社会科学版）2001 年第 12 期。

90. 马义飞、白晓娟：《确定高等学校招生规模的 BP 神经网络模型》，《辽宁工程技术大学学报》2004 年第 2 期。

91. ［美］马丁·卡诺依：《教育经济学国际百科全书》，闵维方等译，高等教育出版社 2000 年版。

92. 毛建青：《对三种主要教育规划方法的述评》，《上海教育科研》2007 年第 1 期。

93. 毛建青：《职业需求与教育资格的转换：人力需求预测在教育规划中应用的关键环节》，《教育科学》2007 年第 1 期。

94. 毛建青：《教育规划中的人力需求法述评》，《外国教育研究》2007 年第 6 期。

95. 毛建青：《影响高等教育规模的主要因素及其协整关系——基于时间序列数据的分析》，《北京师范大学学报》（社会科学版）2009 年第 2 期。

96. 毛勇：《人口学视角下中国高等教育发展过程中的反思》，《江苏高教》2006 年第 3 期。

97. 毛勇：《影响中国高等教育规模速度发展的因素探析实践与反思》，《高教探索》2005 年第 5 期。

98. 孟繁华：《教育管理决策新论——教育组织决策机制的系统分析》，教育科学出版社 2002 年版。

99. 米红、刘海峰：《高等教育大众化发展模式的国际比较暨中国高等教育主要历史指标数值重建》，《理工高教研究》2002 年第 1 期。

100. 米红、文新兰、周仲高：《人口因素与未来 20 年中国高等教育规模变化的实证分析》，《人口研究》2003 年第 6 期。

101. 米红、周仲高：《国家政策取向与高等教育之间互动关系研究》，《中国软科学》2003 年第 8 期。

102. 闵维方：《高等教育运行机制研究》，人民教育出版社 2003 年版。

103. 慕静、管宝云：《高等教育规模扩展的预测模型与宏观调控的对策建议》，《辽宁教育研究》2007 年第 2 期。

104. 彭卫红：《本世纪末我国普及初等义务教育经费需求与供给预测分析》，硕士学位论文，北京师范大学，1993 年。

105. 彭云飞、邓勤：《我国高等学校规模计量方法与应用新探》，《湖南师范大学教育科学学报》2005 年第 6 期。

106. 戚业国：《教育规划的本质、发展与基本模型》，《教育发展研究》2008 年第 23 期。

107. 钱宇：《我国普通高等学校人才培养规模预测》，《电子科技大学学报》（社科版）2005 年第 9 期。

108. 秦宛顺、厉以宁：《教育投资决策研究》，北京大学出版社 1992 年版。

109. 仇莉娜、曹亚克：《人力资源需求预测方法探讨》，《商业研究》2005 年第 4 期。

110. 瞿葆奎：《国际教育展望》，人民教育出版社 1993 年版。

111. 曲恒昌、曾晓东：《西方教育经济学研究》，北京师范大学出版社 2000 年版。

112. 任基尧、范钦扬：《人才规划中的预测方法初探》，《技术经济》1983 年第 6 期。

113. 山子：《高等教育规模问题的再思考》，《当代教育论坛》2006 年第 21 期。

114. 上海智力开发研究所：《教育发展形势专题分析》，《教育发展研究》1999 年第 4 期。

115. 上海市教科院发展研究中心：《中国高校扩招三年大盘点》，《教育发展研究》2002 年第 9 期。

116. 邵云飞、赵宏辉、唐小我：《四川研究生教育预测模型的实证分析》，《预测》2001 年第6 期。
117. 申培轩、陈世俊：《论高等教育供给及其影响因素》，《青岛科技大学学报》（社会科学版）2005 年第2 期。
118. 沈本良、张光圻：《转换教育规划工作思路刍议》，《上海高教研究》1997 年第10 期。
119. ［苏］史蒂芬·杰·柯乃资维：《教育规划系统》，林文达译，台北联经出版事业公司1975 年版。
120. 石人炳：《人口研究应在教育规划中发挥作用》，《光明日报》2004 年4 月20 日。
121. 史燕来：《关于新形势下教育规划工作的若干思考》，《教育与经济》1994 年第1 期。
122. 孙林岩：《地区人才需求的宏观预测》，《预测》1988 年第3 期。
123. 孙林岩：《关于人才需求预测方法的探讨》，《预测》1988 年第1 期。
124. 孙绍荣、尹慧茹、朱君萍：《高等教育与经济水平关系的国际统计研究》，《中国高教研究》2001 年第4 期。
125. 孙绍荣、张文敏、黎丽：《高等教育与经济水平关系的统计分析》，《公共管理学报》2004 年第3 期。
126. 孙绍荣、朱君萍：《高等教育规模与人均GNP 及产业结构关系的国际比较分析》，中国系统工程学会第十一届学术年会，20001103。
127. 孙绍荣、朱君萍：《高等教育入学率与农业产值比例之间的关系统计分析》，《上海理工大学学报》（社会科学版）2001 年第2 期。
128. 孙绍荣、朱君萍：《各国高等教育入学率与人均GNP 关系的统计分析》，《上海理工大学学报》2000 年第3 期。
129. ［瑞典］T. 胡森、［德］N. 波斯尔斯韦特：《教育政策与规划》，西南师范大学出版社2011 年版。

130. 唐兴香：《灰色理论：对毕节地区2000年教育发展的初步分析与预测》，《毕节师专学报》1997年第3期。

131. 滕珺：《理想与现实的碰撞——联合国教科文组织“教育规划”的话语实践分析》，《比较教育研究》2011年第10期。

132. 王斌华：《风靡美国高校的战略规划理论》，《外国教育资料》1992年第1期。

133. 教育部国家教育发展研究中心组译，王道余译、周满生校：《美国加利福尼亚州高等教育总体规划》，人民教育出版社2005年版。

134. 王焕勋：《实用教育大词典》，北京师范大学出版社1995年版。

135. 王剑、费奇：《协同教育规划中的多主体动态协调》，《系统工程理论方法应用》2001年第2期。

136. 王善迈：《教育投入与产出研究》，河北教育出版社1996年版。

137. 王善迈：《教育经济学简明教程》，高等教育出版社2000年版。

138. 王善迈、刘泽云、孙志军：《2008年北京市教育经费需求与供给预测》，《教育科学研究》2003年第Z1期。

139. 王维：《基于教育的四川省人才预测与分析》，硕士学位论文，电子科技大学，2005年。

140. 王显明：《教育经费与教师工资》，教育科学出版社1988年版。

141. 王晓辉：《论教育规划》，《教育研究》2002年第10期。

142. 王晓辉：《教育规划的回顾与展望——〈人力资源规划的方法、经验与实践〉一书评介》，《比较教育研究》1995年第1期。

143. 王月胜：《教育规划战略的研究与建议》，博士学位论文，北京师范大学，1999年。

144. 王月胜：《现代教育规划理念的分歧与分析》，《比较教育研究》2000 年第 S1 期。

145. 汪志宏、赵志广、卢祖洵：《研究生教育规模与人才需求预测方法的探讨》，《医学与社会》2003 年第 6 期。

146. 魏强：《美国大学规划研究》，硕士学位论文，华中科技大学，2009 年。

147. 邬大光：《高等教育发展与制度创新》，http://www.confucius.cn.net/view_ mulu.asp?id = 15000&zbt = G4。

148. 吴宏超、葛新斌：《国外教育规划的主要方法评析》，《高等函授学报》（哲学社会科学版）2008 年第 6 期。

149. 夏安邦、何大昌、蒋志皓：《人才预测与教育规划》，东南大学出版社 1989 年版。

150. 谢作栩：《中国高等教育大众化发展的道路研究》，福建教育出版社 2000 年版。

151. 谢作栩、黄荣垣：《20 世纪下半叶中国高等教育规模发展波动研究——兼 21 世纪初高等教育发展预测》，《教育研究》2000 年第 10 期。

152. 谢作栩、黄荣坦：《中国高等教育规模发展宏观调控模型研究》，《高等教育研究》2004 年第 6 期。

153. 徐炳胜：《单位根“伪检验”解析——以 GDP 时间序列为例》，《数量经济技术经济研究》2006 年第 5 期。

154. 徐国祥：《统计预测和决策》，上海财经大学出版社 1998 年版。

155. 徐佳丽：《当前我国高等教育规模扩展的路径研究》，《现代教育科学》2004 年第 6 期。

156. 徐阳、司洪昌：《北京高等教育未来的展望和预测——学龄人口视角的审视》，《北京科技大学学报》（社会科学版）2006 年第 2 期。

157. 薛家宝：《江苏高等教育发展规模的分析与预测》，《盐城师范学院学报》（人文社会科学版）2001 年第 4 期。

158. ［法］雅克·哈拉克：《投资于未来：确定发展中国家教育

重点》，尤莉莉、徐贵平译，教育科学出版社和联合国教科文组织 1993 年版。

159. 严鸿和、束卫华：《安徽省专门人才需求的宏观预测》，《预测》1987 年第 2 期。

160. 杨建文、周冯琦、胡晓鹏：《产业经济学》，学林出版社 2004 年版。

161. 杨江澜、吴炳义：《部分发展中国家高等教育发展的模型分析及其启示》，《江西教育》2005 年第 Z2 期。

162. 杨晓青：《如何计算高等教育毛入学率》，《中国高等教育》2003 年第 10 期。

163. 杨晓青：《职前职后教育人才需求分配模型》，《预测》1988 年第 5 期。

164. 杨晓青、管西亮、秦昌威：《教育规划理论与实践》，中国大百科全书出版社 2006 年版。

165. 叶平：《关于进行高等教育规模增长速度预警研究的探讨》，《高等教育研究》1996 年第 6 期。

166. 易丹辉：《数据分析与 Eviews 应用》，中国统计出版社 2002 年版。

167. 易卫平：《从国际比较看我国高等教育的合理规模》，《教育发展研究》2000 年第 2 期。

168. 殷革兰：《高等教育规划几个问题的探讨》，硕士学位论文，上海理工大学，1999 年。

169. 俞培果、杨晓芳、沈云、廖斌：《我国高等教育需求预测与高等教育规模的确定》，《预测》2002 年第 3 期。

170. 于凤银、宋大力：《美国高等教育规划及其参考价值》，《成都理工大学学报》（社会科学版）2010 年第 3 期。

171. 于清涟：《教育预测学》，东北师范大学出版社 1990 年版。

172. 袁东安：《国外主要教育规划方法述评》，《外国教育资料》1990 年第 6 期。

173. 岳昌君：《高等教育人口比重的国际比较》，《比较教育研究》2004 年第 2 期。

174. 臧旭恒、徐向艺、杨蕙馨:《产业经济学》(第三版),经济科学出版社 2005 年版。

175. 曾晓东:《20 世纪 90 年代以来世界教育规划理论和实践的进展》,《辽宁教育研究》2007 年第 10 期。

176. 曾晓东、王绽蕊:《当今世界教育规划的两个趋势》,《比较教育研究》1998 年第 6 期。

177. 张长征、姚成玉、李侃、王会波:《基于灰色理论的高层次人才规模的预测》,《教学研究》2004 年第 6 期。

178. 张春曙:《教育规划理论与方法》,高等教育出版社 2000 年版。

179. 张春曙:《教育战略规划的理论模式与系统分析框架初探》,《教育与经济》1997 年第 4 期。

180. 张定璋:《教育预测学的方法论与理论基础(下)》,《外国教育资料》1983 年第 4 期。

181 . 张焕庭:《教育辞典》,江苏教育出版社 1989 年版。

182. 张继:《社会转型期北京教育规划的特点与对策研究》,硕士学位论文,北京科技大学,2001 年。

183. 张力:《中长期我国高等教育发展形势》,http://www.hie.edu.cn/ltzt/bzh/zlzr.htm。

184. 张人杰:《当代世界高等教育社会在理论上的重大变化》,《华东师范大学学报》1984 年第 2 期。

185. 张树桂:《职业分类介绍》,浙江教育出版社 1991 年版。

186. 张晓峒:《计量经济学软件 Eviews 使用指南》(第二版),南开大学出版社 2004 年版。

187. 张晓雪、周亚、李克强、姜璐:《劳动人口人均受教育年限的预测分析》,《教育与经济》2002 年第 1 期。

188. 张子照、朱晟利:《我国高等教育发展规模与速度预测的回顾与思考》,《江汉大学学报》(社会科学版)2005 年第 9 期。

189. 赵义华：《大学不能回避战略规划》，《现代教育管理》2012 年第 2 期。

190. 郑继伟：《高等教育规划论》，杭州大学出版社 1991 年版。

191. 郑太年：《评马克·布劳格的教育经济观》，《教育与经济》1998 年第 1 期。

192. 中国教育与人力资源问题报告课题组：《从人口大国迈向人力资源强国》，高等教育出版社 2003 年版。

193. 钟慧：《我国义务教育经费供求辅助决策系统的建立》，硕士学位论文，北京大学，1994 年。

194. 中央教育科学研究所：《世界教育展望》（中文版第二集），教育科学出版社 1983 年版。

195. 周贝隆：《高教发展规模的战略选择》，《高等教育研究》1996 年第 2 期。

196. 周贝隆：《关于我国教育发展战略的研究》，四川教育出版社 1991 年版。

197. 周贝隆：《关于制定教育规划的原则、思路、方法》，《辽宁高等教育研究》1986 年第 S2 期。

198. 周贝隆：《面向二十一世纪的中国教育——国情·需求·规划·对策》，高等教育出版社 1990 年版。

199. 周贝隆：《以理智求自由——80 年代以来我国教育规划理论、方法的若干进展》，《上海高教研究》1997 年第 10 期。

200. 周贝隆、周承业：《专门人才需求预测方法》，高等教育出版社 1984 年版。

201. 周满生：《从国际趋势看教育规划热点问题》，《中国教育报》2009 年 2 月 10 日第 3 版。

202. 朱佳生、王世玲、杨晓青：《教育系统工程》，湖南大学出版社 1989 年版。

203. 朱佳生、殷革兰：《教育规划几个基本理论的探讨》，《辽宁高等教育研究》1999 年第 3 期。

204. 诸平：《根据国情寻找规划未来高等教育发展的途径》，《高等教育研究》1999 年第 2 期。

## 二 外文部分

1. Adams, Don, "Analysis without Theory is Incomplete", *Comparative Education Review*, Vol. 34, No. 3, Nov., 1990.

2. Adams, Don, "Extending the Educational Planning Discourse: Conceptual and Paradigmatic Explorations", *Comparative Education Review*, Vol. 32, No. 4, Nov., 1988.

3. Anderson, C. A., *The Social Context of Educational Planning*, Paris: UNESCO, IIEP, 1967.

4. Armstrong, David F., Nunley, Charlene Wenckowski, "Enrollment Projection within a Decision-making Framework", *The Journal of Higher Education*, Vol. 52, No. 3, May, 1981.

5. Atkinson, B. J., *The Economics of Education*, London: Hodder and Stoughton, 1983.

6. Becker, William E., *The Demand for Higher Education*, in Stephen A. Hoenack & Eileen L. Collins, *Economics of American Universities*, New York: State University of New York Press, 1990.

7. Blaug, Mark, "Approaches to Educational Planning", *The Economic Journal*, Vol. 77, No. 306, Jun., 1976.

8. Blaug, Mark, *Economics of Education: A Selected Annotated Bibliography* (3rd), Oxford [Eng.]; New York: Pergamon Press, 1978.

9. Blaug, Mark, *An Introduction to the Econoi ics of Education*, Harmondsworth, Middlesex: Penguin, 1970.

10. Bleau, Barbara Lee, "Planning Models in Higher Education: Historical Review and Survey of Currently Available Models", *Higher Education*, Vol. 10, No. 2, Mar., 1981.

11. Borghans, L., Heijke, Hans, "Forecasting the Educational structure of Occupation: A Manpower Requirement Approach with Sub-

stitution", *Labour*, Vol. 10, No. 1, Mar., 1996.

12. Brazziel, William F., "Forecasting Older Student Enrollment: A Cohort and Participation Rate Model", *The Journal of Higher Education*, Vol. 58, No. 2, Mar. -Apr., 1987.

13. Breneman, David W., *Public Policy and Private Higher Education*, Washington: The Browkings Institution, 1978.

14. Bryson, John Moore, *Strategic Planning for Public and Non Profit Organizations: A Guide to Strengthening and Sustaining Organizational Achievement (Third edition)*, San Francisco, California: Jossey-Bass, 2004.

15. Caillods, F., *The Prospects for Educational Planning*, Paris: UNESCO, IIEP, 1989.

16. Cameron, Fincher, "Planning Models and Paradigms in Higher Education", *The Journal of Higher Education*, Vol. 43, No. 9, Dec., 1972.

17. Carlson, Rober V., Awkerman, Gary, *Educational Planning: Concepts, Strategies and Practices*, New York & London: Longman, 1991.

18. Carnegie Commission on Higher Education, *The Purposes and the Performance of Higher Education in the United States: Approaching the Year 2000*, New York: McGraw-Hill Book Company, 1973.

19. Chirikos, Thomas N., Wheeler, A. C. R., "Concepts and Techniques of Educational Planning", *Review of Educational Research*, Vol. 38, No. 3, Jun., 1968.

20. Coombs, Philip H., *What is Educational Planning*, Paris: UNESCO, IIEP, 1970.

21. Clotfelter, Clarles T., Rothschild, Michael, *Studies of Supply and Demand in Higher Education*, Chicago: The University of Chicago Press, 1993.

22. Correa, Hector, "Flows of Students and Manpower Planning:

Application to Italy ", *Comparative Education Review*, Vol. 13, No. 2, Jun., 1969.

23. Correa, Hector, *The Economics of Human Resources*, Amsterdam: North-Holland Pub. Co., 1963.

24. Corvers, Frank, Heijke, Hans, *Forecasting the Labor Market by Occupation an Education: Some Key Issues*, ROA-W-2004/4, Maastricht, Dec. 2004.

25. Dresch, Stephen P., "A Critique of Planning Model for Postsecondary Education: Current Feasibility, Potential Relevance and a Prospectus for Further Search", *The Journal of Higher Education*, Vol. 46, No. 3, May-June., 1975.

26. Fabius Odubi Passi, "Planning for the Supply and Demand of Qualified Teachers in Uganda", *International Review of Education*, Vol. 36, No. 4, 1990.

27. Farrell, Joseph P., "A Reaction to 'The Macro-Planning of Education: Why it fails, Why it survives, and the Alternatives'", *Comparative Education Review*, Vol. 19, No. 2, Jun., 1975.

28. Farrell, Joseph P., "A Retrospective on Educational Planning in Comparative Education ", *Comparative Education Review*, Vol. 41, No. 3, Aug., 1997.

29. Foster, Clifford D., "Teacher Supply and Demand", *Reveiw of Education Research*, Vol. 37, No. 3, Teacher Personnel, June, 1967.

30. Great Britain Committee on Higher Education, *Higher Education: Report of the Committee Appointed by the Prime Minister, under the Chairmanship of Lord Robbins*, 1961—63, London: H. M. Stationery Off., 1963.

31. Haddad, Wadi D., *Education Policy-planning Process: An Applied Framework*, Paris: UNESCO, IIEP, 1995.

32. Harbison, Frederick, *Educational Planning and Human Resource*

Development, Paris: UNESCO, IIEP, 1967.

33. Harbison, Frederick, Myers, Charles A., *Education, Manpower and Economic Growth*, New York: McGraw-hill Book Company, 1964.

34. Healey, Marilou T., Brown, Daniel G., "Forecasting University Enrollments by Ratio Smoothing", *Higher Education*, Vol. 7, No. 4, Nov., 1978.

35. Hopkins, David S. P., Massy, William F., *Planning Models for College and Universities*, Stanford, California: Stanford University Press, 1981.

36. Hough J. R., *Education and National Economy*, London: Croom Helm, 1987.

37. Husen, Torsten, Postlethwaite, T. Neville, *The International Encyclopedia of Education: Research and Studies*, Oxford, England: Pergamon Press, 1985.

38. IIEP, *Education Planning: A Bibliography*, Paris: UNESCO, IIEP, 1964.

39. IIEP, *Economics and Social Aspects of Educational Planning*, Paris: UNESCO, IIEP, 1964.

40. Institute of Mathematics and Its Applications, *Mathematics in Educational Planning: Proceedings of a Symposium*, Essex: The Institute of Mathematics and Its Applications, 1974.

41. Johnstone, James N., "Mathematical Models Developed for Use in Educational Planning: A Review", *Review of Educational Research*, Vol. 44, No. 2, Spring, 1974.

42. Klees, Steven J., "Planning & Policy Analysis in Education: What Can Economics Tell Us?", *Comparative Education Review*, Vol. 30, No. 4, 1986, Nov.

43. Lynch, Patrick D., Tason, Maritza, "Research on Educational Planning: An International Perspective", *Review of Research in*

Education, Vol. 11, 1984.

44. Magnen, Andre, *Education Projects: Elaboration, Financing, and Management*, Paris: UNESCO, IIEP, 1991.

45. Marianne, Singh Butalia, *Education and Population Dynamics (The Population Dimension of Educational Planning, an Introduction to the Literature)*, Paris: UNESCO, IIEP, 1971.

46. McGinn, N., Street, S., "Educational Decentralization: Weak State or Strong State?", *Comparative Education Review*, Vol. 30, No. 4, 1986.

47. McKinnon, K. R., *Realistic Educational Planning*, Paris: Unesco, International Institute for Educational Planning, Paris, 1973.

48. McNamara, James F., "Mathematical Programming Models in Educational Planning", *Review of Educational Research*, Vol. 41, No. 5, Dec., 1971.

49. McPherson M., *The Demand for Higher Education*. In: Breneman D W, Finn C E (eds.), *Public Policy and Private Higher Education*, Washington, D. C.: Brookings Institution, 1978.

50. Mohamed, Youssef Hassan, *Computer Models for Enrollment Forecasting: a Management Science Approach*, Phd Thesis, University of Pittsburgh, 1979.

51. Nichous, Miles G., "Tertiary Education Faculty Planning: An Application of a Substantially New Direct Control Model", *The Journal of the Operational Research Society*, Vol. 36, No. 2, Feb., 1985.

52. Orwig, M. D., Jones, Paul K., Lenning, Oscar T., "Enrollment Projection Model for Institutional Planning", *Higher Education*, Vol. 1, No. 4, Nov., 1972.

53. Parnes, Herbert S., *Planning Education for Economics and Social Development*, OECD, 1962.

54. Patrinos, Harry Anthony, Ariasingm, David Lakshmanan, *Decentralization of Education Demand-side Finance*, Washington D. C.: World Bank, 1997.

55. Phillips, H. M., *Chapter One of Handbook on Economic and Social Aspects of Educational Planning*, Paris: UNESCO/AD/AS/6, Jan. 7, 1964.

56. Poignant, R., *The Relation of Educational Plans to Economic and Social Planning*, Paris: UNESCO, IIEP, 1967.

57. Psacharopoulos, George, *Economics of Education: Research and Studies*, Oxford: Pergamon Press, 1987.

58. Psacharopoulos, George, "Educational Planning and the Labor Market", *European Journal of Education*, Vol. 15, No. 2, 1980.

59. Psacharopoulos, George, "From Manpower Planning to Labor Market Analysis", *International Labor Review*, Vol. 130, No. 4, 1994.

60. Psacharopoulos, George, "The Macro-Planning of Education: A Clarification of Issues and A Look into the Future", *Comparative Education Review*, Vol. 19, No. 2, June, 1975.

61. Psacharopoulos, George, "The Planning of Education: Where do we stand?", *Comparative Education Review*, Vol. 30, No. 4, Nov. 1986.

62. Raja, Roy-Singh, *Educational Planning in Asia*, Paris: UNESCO, IIEP, 1990.

63. Ross, K. N., Mahlich, L., *Planning the Quality of Education*, Paris: UNESCO, IIEP, 1990.

64. Ruscoe, G. C., *The Condition for Success in Educational Planning*, Paris: UNESCO, IIEP, 1969.

65. Sadlak, Jan, "Comparing Higher Education Planning Approaches in Western and Eastern Europe", *European Journal of Education*,

Vol. 21, No. 4, 1986.

66. Salley, Charles D., "Short-term Enrollment Forecasting For Accurate Budget Planning", *The Journal of Higher Education*, Vol. 50, No. 3, May-June, 1979.

67. Schmid, Calvin F., Shanley, Frad J., "Techniques in Forecasting University Enrollment", *The Journal of Higher Education*, Vol. 23, No. 9, Dec., 1952.

68. Schroeder, Roger G., "A Survey of Management Science in University Operations", *Management Science*, Vol. 19, No. 8, Application Series, Apr., 1973.

69. Shah, Chandra, Burke, Gerald, "An Undergraduate Student Flow Model: Australian Higher Education", *Higher Education*, Vol. 37, No. 4, June, 1999.

70. Stinchcomb, Hugh Gerald, *An Application of Student Enrollment Projection Models: To Georgia Suburban School Districts*, Athens, Georgia, 1985.

71. Stronge, William B., Schultz, Ronald R., "Models for Projecting School Enrollment", *Educational Evaluation and Policy Analysis*, Vol. 3, No. 5, Sep. -Oct., 1981.

72. Ta Ngoc Chau, *Demographic Aspects of Educational Planning*, Paris: UNESCO, IIEP, 2003.

73. Thompson, Ronald B., "Higher Education, 1978: An Enrollment Forecast", *Educational Research Bulletin*, Vol. 40, No. 8, Nov., 1961.

74. Weiler, William C., "A Model for Short-term Institutional Enrollment Forecasting", *The Journal of Higher Education*, Vol. 51, No. 3, May-Jun, 1980.

75. Willems, Ed., *Manpower Forecasting and Modeling Replacement Demand: An Overview*, ROA-W-1996/4E, Maastricht, Sep., 1996.

76. Williams, Peter, "Too Many Teachers? A Comparative Study of

the Planning of Teacher Supply in Britain and Ghana", *Comparative Education*, Vol. 13, No. 3, Oct., 1977.

77. Windham, Douglas M., "The Macro-Planning of Education: A Further Comment", *Comparative Education Review*, Vol. 19, No. 2, Jun., 1975.

78. Windham, Douglas M., "The Macro-Planning of Education: Why It Fails, Why It Survives, and the Alternatives", *Comparative Education Review*, Vol. 19, No. 2, Jun., 1975.

79. Wing, Paul, *Higher Education Enrollment Forecasting: A Manual for State Level Agencies*, Boulder, Colorado: National Center for Higher Education Management System, 1974.

80. Woodhall, Maureen, *Cost-benefit Analysis in Educational Planning* (*Fourth edition*), Paris: UNESCO, IIEP, 2004.

81. Yadav, K. P., *International Encyclopaedia of Educational Planning and Development, Volume 3: Reforms of Higher Education*, New Delhi: Sarup & Sons, 1999.

# 后　记

本书是在我的博士论文的基础上修改而成的。几番数据更新和模型重建，过程漫长而备受煎熬，此时即将付梓，我真是长长地舒了一口气，但依然没有一丝轻松之感。这本著作不仅是前一阶段学习和研究成果的一个小结，更是未来研究的新起点。

回想起 2004 年 3 月，第一次踏进百年师大学府参加博士生入学考试，当时的好奇、憧憬却又惴惴不安的心情铭刻在心；第一次拜见王善迈先生时那种崇敬和畏惧亦还记忆犹新。回首这段求学经历，往事历历在目，恍如昨日，无限感慨。

博士三年的学习生活，最要感谢的是敬爱的王善迈先生。作为中国教育经济学领域的奠基人之一，王先生的博学、严谨，一直为我所敬仰；而同样让我敬仰的是，王先生为人的谦逊和豁达。时间越久，敬仰之情越深。我能拜在王先生的门下，实乃三生之大幸也。求学期间，王先生经常耳提面命、谆谆教导。博士论文从选题到框架的确定，从资料的搜集到访谈的进行，从漏洞百出的初稿到合理严谨的终稿，无不浸透着恩师的心血和汗水。师德如山，师恩如海，寥寥数语，难以言尽。三年的学习生活，同样感谢师母吴荣华女士。师母为人正直、热情，对我们的生活关怀备至，每次去老师家总有回家的感觉；师母丰富的生活知识和人生阅历，使我获益良多。毕业之后，师母一如既往地关心和问候，让我内心倍感温暖和感激。衷心祝愿导师和师母幸福安康！

在师大求学三年，我有幸得到了校内外诸多老师的教诲与帮助。感谢曲恒昌教授、赖德胜教授、北京大学岳昌君教授在博士论文开题阶段给予的真知灼见；感谢李克强教授、中国人民大学杨晓青教授、教育部规划司秦昌威处长、浙江大学吴华教授等的热情帮助和指导；

感谢师兄孙志军教授及其开设的计量经济学应用课程，为论文的数据处理打下了基础；特别感谢师兄刘泽云博士在时间序列数据的处理理论及软件应用上给予的大力帮助和指导；感谢李实教授、北京大学丁小浩教授等在博士论文答辩过程中提出的中肯意见和宝贵建议；同样感谢袁连生教授、李宝元教授、杜育红教授、褚宏启教授、白暴力教授等经济与工商管理学院和教育学院的各位老师，他们的课堂授课开拓了我的视野，丰富了我的知识结构，让我深刻感受到了百年师大的深厚内涵和文化底蕴。

博士求学期间，我有幸遇到了我的同门和同学们：成刚博士、李兰兰博士和陶红博士，他们的学习、工作和人生经验都比我丰富，很多事情都得到了他们的帮助，使我受益匪浅；杜玲玲师妹、董俊燕师妹、陈瑾师妹、王婷师妹、方芳师妹、曹夕多师妹、郑磊师弟、宗晓华师弟等，他们热情、可爱、正直，有了他们的陪伴，博士生活变得绚丽多彩；张强莉、刘荣材、周红利、邱晨曦、李长安、王玉雄等经济与工商管理学院2004级博士班的同学们，他们的宽容和帮助，让我不断成长。

博士毕业之后，我有幸进入了浙江工业大学政管学院教育经济与管理学科工作。学科负责人宣勇教授治学严谨，为人正直，令我钦佩；在工作和生活中，宣教授给予了诸多的指导和帮助，令我感激万分。感谢学科团队、学院及公共管理系的同仁们，他们对我的无限关怀和无私帮助，令我内心倍感温暖。感谢浙江工业大学专著与研究生教材出版基金和学科的大力资助，使得本书能顺利出版。

同时，我还要感谢我的硕士生导师，现任宝鸡文理学院院长、陕西师范大学前党委副书记司晓宏教授。从硕士入门一直到现在，司老师一直关心我的生活并鼓励我的学习和工作，恩师情终生难忘。同样感谢陕西师范大学的李钟善教授、李国庆教授、郝文武教授、杨建华教授、陈鹏教授等，在我的人生和学习道路上给予的诸多教诲和帮助。

感谢我的家人和挚友。回想自己一直在外求学和工作，陪伴父母的时间屈指可数，内心愧疚无比，父母和哥哥姐姐对我默默的爱和无私的付出，给予了我前行的无限动力；感谢我此生的挚友，虽然远隔千山万水，但彼此的心却紧密相连，这种坚定不移的友情让我内心倍感温暖和欣慰；感谢我的爱人，从相识相爱到结婚生子，一路走来，他给了我最朴实却最真挚的爱，让我的世界充满了阳光和温暖；感谢我可爱的女儿，是她让我感受到了为人母的艰辛与幸福，让我真正领悟到了人生的意义。

感谢在拙作出版过程中，中国社会科学出版社宫京蕾女士所做的大量辛勤工作。

毛建青

2007 年 5 月 6 日于北师大科技楼

2014 年 4 月 8 日于杭州小和山下